いつでも どこでも
私のスペイン語日常表現

CD付き

森本祐子／著
Expresiones
de la vida cotidiana
en español

研究社

Introducción
はじめに

　「学習歴のわりに表現力が伸びない」「ネイティブ話者と話す機会がなく、会話の練習ができない」。これらは、スペイン語を学習する多くの方に共通の悩みなのではないでしょうか。グローバル化が進んだとはいえ、日本にいながらにしてスペイン語を使うチャンスを見つけるのは至難の業。だからといって、そうそう頻繁に旅行や留学というわけにもいきません。しかし、せっかくスペイン語を学ぶ以上、読めるだけでなく「話せる」ようになりたい！というのは、当然の気持ちでしょう。

　『いつでもどこでも　私のスペイン語日常表現』は、そんな悩みを抱えながら上達の方法を模索する方々を念頭に置いて作られた、全く新しいタイプのスペイン語教材です。スペイン語圏が遠いなら、毎日の生活をスペイン語で埋めつくしてしまおう！という発想に基づいて、日常の様々な場面における自己表現の数々を集めています。

　本書の例文は、自分の気持ちや考えを表すもの、自分の行動や周りの状況を記述・説明するものなど多岐にわたっていますが、全て普段の生活に密着したものばかりです。そのままの形で、あるいは多少アレンジを加えて、どんどん、日常生活に取り入れてください。朝、目覚まし時計に起こされたら「まだベッドから出たくないよ」とごねてみる、夕飯を作ったら「さ、温かいうちに食べよう！」と気分を盛り上げてみる。そうするうちに「いつでもどこでも」スペイン語が身近に感じられるようになるはずです。

　もちろん、「日常生活」と言っても人によって様々ですし、全ての例文がみなさんの個々のケースに当てはまるとは限りません。例文の中には、自分自身の生活とは一見無関係に感じられるものもあるでしょう。そんなときは、内容にとらわれず表現のパターンに注目してください。例えば、お酒を飲まない方なら「夏はビールに限る」という表現がぴんと来なくても、「夏はスイカに限る」と語句

を入れ替えれば OK。他人ごとに感じられた内容が、ちょっとした工夫でぐっと親しみやすいものになるはずです。その意味では、この本の全ての例文が完全に自分にぴったりのものとなったとき、初めてこの本が完成するのだと言えるでしょう。

　各章は、一日の時間帯や一週間の流れに従って、テーマ別に構成されています。全ての章で、それぞれのテーマに沿った例文を日本語訳と解説を付けて紹介し、章の最後には関連テーマの日記例も 2 つずつ載せてあります。日記文は読み物としても楽しんでいただけますが、日々の出来事をスペイン語で綴ることも、確実に成果の上がる練習法です。ぜひ、ご自分でも実践してみてください。数行の短い日記を書いたり、ブログや SNS で発信するのもおすすめです。また、多くの章に Apuntes varios と題した小さなコラムを添えました。勉強をひと休みしつつ、ありのままのスペインをみなさんに感じていただくことができれば幸いです。

　ことばの上達が、スペイン語圏をより身近に感じるきっかけとなりますように！　どうぞ存分に本書を楽しんでください。

　最後になりますが、本書の構想および企画は、研究社編集部の鎌倉彩さんの存在なくしてありえなかったことを、ここに記したいと思います。鎌倉さんには、執筆の段階においても、読者の立場に立った細やかな心配りに基づいた、たくさんのヒントをいただきました。心から感謝いたします。

　　　　　　　　　　　　　　　　　　　　　　　　　　　　　　森本祐子

Índice | 目　次

はじめに　ii
凡例　vi

Capítulo 1　Por la mañana
朝（起床、朝食、身支度） ——————————————— 1

    Diario 1　Levantarse con el pie izquierdo
    朝からついてない　　　　　　　　　　　　　　　　　18

    Diario 2　Un día redondo
    完璧な一日　　　　　　　　　　　　　　　　　　　　20

Capítulo 2　De camino al trabajo
通勤、通学 ——————————————————— 23

    Diario 3　Pequeño dilema en el metro
    地下鉄での小さなジレンマ　　　　　　　　　　　　　38

    Diario 4　El (¡largo!) camino a casa
    家までの（長い！）道のり　　　　　　　　　　　　　40

Capítulo 3　En el trabajo y en clase
職場やクラスで ————————————————— 43

    Diario 5　Soñando con las vacaciones
    休暇が待ち遠しい　　　　　　　　　　　　　　　　　60

    Diario 6　Mi primera presentación en español
    初めてのスペイン語でのプレゼン　　　　　　　　　　62

Capítulo 4　Después del trabajo
アフターファイブ ————————————————— 65

    Diario 7　Clases de baile
    ダンスのレッスン　　　　　　　　　　　　　　　　　80

    Diario 8　Mi primera cita con Mina
    ミナとの初デート　　　　　　　　　　　　　　　　　82

Capítulo 5 De noche, en casa
夜（夕食、入浴、就寝） ———————————— 85

    Diario 9 Falta de sueño
    寝不足   *102*

    Diario 10 Un baño relajante
    癒やしのバスタイム   *104*

Capítulo 6 Tareas domésticas
家事、子育て ———————————————— *107*

    Diario 11 Aprendiendo a cocinar
    料理、修行中   *124*

    Diario 12 ¡Pobrecito!
    かわいそうに！   *126*

Capítulo 7 Fin de semana en casa
家で過ごす週末 ——————————————— *129*

    Diario 13 Luna, un miembro más de la familia
    家族の一員、ルナ   *144*

    Diario 14 Redes sociales
    ソーシャルネットワーク   *146*

Capítulo 8 Viajes y otras actividades de ocio
旅行、外出、娯楽 —————————————— *149*

    Diario 15 De compras con una amiga
    女友だちとショッピング   *168*

    Diario 16 Paseo por Barcelona
    バルセロナ散策   *170*

コラム
El desayuno clásico ｜ 朝食の定番 *22*
Los atascos en Madrid y el carril Bus-VAO ｜ マドリッドの渋滞と"Bus-VAO"専用レーン *42*
El fin de las siestas de entre semana ｜ さらば、平日のお昼寝 *64*
Los bares: un componente esencial de la vida cotidiana ｜ バルは日常生活の一部 *84*
Las tareas escolares y las veladas familiares ｜ 宿題は家族団らんの敵？ *106*
El bricolaje: más allá de una mera afición ｜ 趣味レベルを超えたDIY *148*

日本語索引   *172*

凡　例

- 再帰動詞は、不定詞に 'se' を付けた形で示しています。
    例　**levantarse**：起きる、立ち上がる。

- スペイン語の動詞には、gustar, encantar などのように、原則として常に間接目的語を表す人称代名詞を伴って用いられるものがあります。これらの動詞は、不定詞に 'le' を付けた形で紹介し、さらに '(a＋人)' と加えることで、'le' が 'a＋人' に対応することを示しました。
    例　**encantarle (a＋人)**：(人は)〜が大好きである。

《CD 収録内容》
Capítulo 1 から Capítulo 8 までの章のタイトルおよび例文のスペイン語音声（日記文、コラムは除く）。CD トラック番号は奇数ページの右上に記載。

《収録言語》
スペイン語（ナチュラルスピード）

《収録時間》
40 分 33 秒

《ナレーション》
Vanesa Andreo（バネサ・アンドレオ）
スペイン、マドリッド出身。マドリッド・コンプルテンセ大学情報学部、映像コミュニケーション学科卒業。2010 年より、NHK World Radio Japan スペイン語部門にて、アナウンサーおよび翻訳の業務を担当。

Capítulo 1
Por la mañana

朝（起床、朝食、身支度）

ベッドで目覚めた瞬間から、スペイン語の一日が始まります。
身支度をしたり、朝ごはんを食べたり、
普段の動作を言葉で表しましょう。

Capítulo 1
Por la mañana

1 Está sonando el despertador. Tengo que levantarme.
目覚ましが鳴ってる。起きなきゃ。

2 Uf... otra vez lunes... No tengo ganas de ir al trabajo.
あーあ、また月曜か…。仕事に行きたくないなあ。

3 ¡Vaya por Dios! Ya son las ocho. Si no salgo ahora mismo, llegaré tarde.
まずい！ もう8時だ。今すぐ出かけないと遅刻だ。

---

1 **sonar :** 鳴る、音がする。名詞形は sonido（音）。
  despertador : 目覚まし時計。reloj despertador を短くした言い方。「目を覚まさせる、起こす」という意味の動詞 despertar に由来。
  levantarse : 起きる、立ち上がる。「目が覚める」なら despertarse を使う。 ▶ Últimamente, me despierto varias veces por la noche.（最近、夜中に何度も目が覚める。）

2 **uf :** 疲れ、嫌悪、あるいは安堵の気持ちを表す間投詞。
  otra vez : もう一度、また。
  gana : 欲求、意欲。'tener ganas de＋不定詞' で、「〜したい」の意。

3 **¡Vaya por Dios! :** まったく、何てことだ！ 主にネガティブな反応を表す際に、間投詞のように使われる。
  ahora mismo : 今すぐ、直ちに。
  llegar tarde : 遅刻する。「間に合う、時間ぴったりに着く」は llegar a tiempo、「時間に余裕をもって着く」なら llegar con tiempo と覚えておこう。

朝（起床、朝食、身支度）

4
Hacía tiempo que no me despertaba tan temprano.

こんなに早く目が覚めたの、久しぶりだな。

5
¿Qué hora será? ¡Estupendo! Puedo seguir durmiendo una hora más.

何時かな？　よしよし。あと1時間は寝られる。

6
Todavía tengo sueño. No me apetece salir de la cama.

まだ眠いなあ。ベッドから出たくないよ。

---

4 hacer tiempo que ...：（三人称単数形で）〜して・〜の状態でしばらく経つ。ここでは que 以下が否定なので、「ずいぶん〜していなかった」という意味になる。▶Hace tiempo que no nos vemos.（ずいぶん会ってないよね。）
temprano：早くに、朝早くに。pronto で置き換えても可。反対は tarde（遅くに）。

5 ¿Qué hora será?：何時だろう？　このように、現在の状況や出来事を未来形で表現すると、推量の意味が加わる。▶¿Quién será?（誰だろう？）
estupendo：すばらしい、すごい、素敵な。
seguir＋現在分詞：〜し続ける。▶Sigue intentando.（トライし続けろ、諦めるな。）

6 tener sueño：眠い。sueño は「眠気、睡眠」や「（睡眠中に見る）夢」、また「（望みや憧れの意味での）夢」など様々な意味を持つ。
no apetecerle（a＋人）＋不定詞：（人が）〜する気にならない、〜するのは気が進まない。物事が主語、人が間接目的語になる。'no querer＋不定詞' よりも柔らかい表現になる。

Capítulo 1
Por la mañana

(7) **¡Qué bien he dormido! Me siento como nueva.**

ああ、よく寝た！ 生き返った気分。

(8) **¿Quién ha estado roncando? El ruido me ha despertado.**

いびきかいてたの、誰？ うるさくて目が覚めちゃったよ。

(9) **No puedo girar el cuello. Parece que me he levantado con tortícolis.**

首が回らない。寝違えたみたいだ。

---

(7) ¡Qué bien he dormido!： よく寝た！「熟睡する」の意味でよく使われる慣用表現に dormir como un tronco（直訳は「丸太のように寝る」）がある。これを用いて、He dormido como un tronco. としてもよい。
sentirse＋〈形容詞・副詞〉：（自分自身について）〜だと感じる。sentirse como nuevo で「リフレッシュした気分になる」。nuevo は口語で「疲れがとれてリフレッシュした」という意味でもよく使われ、その場合は como を伴うことが多い。 ▶¿Qué tal el masaje? — Bien, estoy como nuevo.（マッサージどうだった？ーよかったよ。すっかりリフレッシュした感じ。）

(8) roncar： いびきをかく。名詞形は ronquido（いびき）。 ▶¿Existe algún medicamento eficaz contra el ronquido?（いびきに効く薬ってありますか？）
ruido： 騒音、雑音。形容詞形は ruidoso（うるさい）。

(9) cuello： 首、襟。
parecer que＋直説法：（三人称単数形で）〜のようだ、〜と思われる。
tortícolis： 首のねじれ、首の痛み。医学用語としては、「斜頸」に相当する。

朝（起床、朝食、身支度）

⑩ Por favor, déjame dormir un poco más.
頼むから、もう少し寝かせてよ。

⑪ Me quedé dormido... Debería acostarme más temprano.
寝坊しちゃった。もっと早く寝るべきだな。

⑫ Este despertador va atrasado.
この目覚まし時計、遅れてる！

---

⑩ **dejarle（a＋人）＋不定詞**：（人が）〜するのを許す、放っておく。▶Mamá, ¿me dejas ver la tele?（ママ、テレビ見てもいい？）
un poco más：もう少し（多く）。「もうちょっと少なく」なら un poco menos となる。
▶Dame un poco menos.（もうちょっと少なめでお願い。）

⑪ **quedarse＋〈形容詞・副詞〉**：〜のままである；〜の状態になる。quedarse dormido は「寝過ごす」と「寝入る」両方の意味で使える。なお、「寝過ごす」を表す面白い慣用表現に、'pegársele（a＋人）las sábanas'（直訳は「（人に）シーツが貼りつく」）がある。話し手自身のことなら、Se me han pegado las sábanas. となる。
deber＋不定詞：〜しなければならない。過去未来形（debería）で用いると、「（可能であれば）〜するべきなのだが」のような緩和的表現になる。
acostarse：横になる、就寝する、寝る。ir 動詞を使って、irse a la cama と言ってもよい。
▶Mi hijo se va a la cama a las nueve.（うちの息子は9時に寝ます。）

⑫ **atrasado**：（時間・進行が）遅れた。ir atrasado で「（時計などが）遅れている」。

5

Capítulo 1
Por la mañana

(13) **¡Huy!, ¡qué resaca! La cabeza me da vueltas.**
うわ、すごい二日酔いだ。頭がぐるぐる回る。

(14) **No me acuerdo de qué pasó anoche. Pero ¿dónde estoy?**
昨日の夜、何があったか思い出せない。ていうか、ここはどこ？

(15) **No, no puede ser. Esto debe ser una pesadilla.**
いや、まさか。これは悪夢に違いない。

---

(13) **¡Huy!**：驚き・嘆き・痛みなどを表す間投詞。表記は ¡Uy! でも OK。
  resaca：二日酔い。tener resaca で「二日酔いだ」の意。
  darle vueltas la cabeza (a+人)：頭がくらくらする、めまいがする。estar mareado（めまいがする、胃がむかむかする；(乗り物に)酔った）よりも大げさな感じが出る。

(14) **acordarse de ...**：〜を覚えている、思い出す。例文では、間接疑問文 qué pasó anoche（昨夜何が起きたのか）を目的語としている。
  pero：逆接の接続詞 pero は、このように驚きや非難を表す強調表現としてもよく使われる。▶ Pero ¿a dónde vas?（おいおい、どこに行くんだよ。）

(15) **No puede ser.**：ありえない、現実・本当のはずがない。
  deber (de)＋不定詞：〜するに違いない、〜はずである。確信に近い推定を表す。
  pesadilla：悪夢。「悪夢を見る」には、tener 動詞を用いるのが一般的。▶ Acabo de tener una pesadilla.（たった今、悪い夢を見た。）

朝（起床、朝食、身支度）

16 **Al final, no he podido pegar ojo en toda la noche.**
ついに、一晩中寝られなかった。

17 **He soñado con mi exnovio otra vez.**
また元彼の夢を見ちゃった。

18 **Está lloviendo a mares. Creo que voy a pasar de hacer *footing* esta mañana.**
すごい雨だ。今朝はジョギングはパスだな。

---

16 al final : 最後に；結局、ついに。
　pegar ojo : 寝る、眠りにつく。主に否定構文で用いる。ojo は、un ojo / el ojo / los ojos のいずれの形でも可。「寝つく」に対応する表現では、ほかに conciliar el sueño や quedarse dormido (⇒ p. 5) がよく使われる。▶Me cuesta mucho conciliar el sueño. (なかなか眠れない。) ▶Me quedé dormida en el autobús. (バスで寝入っちゃった。)

17 soñar con ... : 〜の夢を見る。「夢を見る」は、tener un sueño でも OK。▶He tenido un sueño agradable. (気持ちいい夢を見た。)
　ex- : 名詞の前に用いて、「元〜、前〜」の意味を表す。

18 a mares : 大量に、たくさん。主に llover (雨が降る) と共に用いることが多く、ほかに、頻度は落ちるが llorar (泣く)、sudar (汗をかく) とも一緒に使われる。▶Esta película me hizo llorar a mares. (この映画を見て号泣した。)
　pasar de ... : (誘い・機会などを) パスする、控える。
　hacer (el) *footing* : ジョギングする。footing は英語で「足場；地位」を表す単語だが、「ジョギング」の意味でフランス語に入り、さらにスペイン語でも定着した。

Capítulo *1*
Por la mañana

(19) Tengo que ir al baño ya. No puedo aguantar más.

今すぐトイレに行かないと、もう我慢できない。

(20) Tengo cinco minutos para lavarme la cara, limpiarme los dientes y vestirme.

5分で、顔を洗って歯を磨いて身支度しなきゃ。

(21) Este jabón hace poca espuma.

この石鹸、泡立ち悪いなあ。

---

(19) **baño**：浴室、トイレ。公共の施設にあるトイレの場合は、servicio あるいは aseo がよく用いられる。この意味での servicio は、複数形で使われることが多い。 ▶¿Dónde están los servicios? (トイレはどこですか？)
　aguantar：我慢する、耐える、こらえる。

(20) **lavarse**：(体・手・顔などを) 洗う。lavarse la cara で「顔を洗う」。
　limpiarse：(体の汚れなどを) きれいにする。limpiarse los dientes で「歯を磨く」。lavarse [cepillarse] los dientes とも言う。
　vestirse：服を着る、身支度を整える。「着替える」は cambiarse (de ropa).

(21) **jabón**：石鹸。「ボディソープ」は gel de baño [ducha], 「シャンプー」は champú, 「コンディショナー」は acondicionador.
　espuma：泡；(スープなどの) あく。hacer espuma で「泡立てる；泡立つ」。

朝（起床、朝食、身支度）

22. Me despejaré con una ducha fría.
冷たいシャワーで、気合いを入れよう。

23. No hay toalla. ¡Socorro! Me voy a enfriar.
タオルがない。助けて！　冷えちゃうよ。

24. ¿Me afeito o no me afeito? ¡Qué pereza!
ひげそるか、やめとこうか。ああ、面倒くさいなあ！

---

(22) **despejarse**：（自分自身の）頭をはっきりさせる、眠気・倦怠感を取り除く。
　　ducha：シャワー。「シャワーを浴びる」は darse [tomar] una ducha あるいは ducharse と言う。ちなみに、「お風呂」は baño（「浴槽」は bañera）、「お風呂に入る」は darse [tomar] un baño または bañarse となる。

(23) **¡Socorro!**：助けて！　救助を求める叫びの定番。例文での使い方は、ちょっとオーバーでお茶目な感じになっている。
　　enfriarse：冷える、冷める；風邪を引きかける。▶La sopa se ha enfriado.（スープが冷めちゃった。）

(24) **afeitarse**：ひげをそる。なお、「(T字型の)かみそり」は maquinilla (de afeitar) と言う。
　　pereza：怠惰、ものぐさ。形容詞形は perezoso（怠惰な）。▶Estoy perezoso últimamente.（最近、だらけ気味だ。）

Capítulo 1
Por la mañana

25 **¡Qué desastre! Tengo el pelo alborotado.**
これはひどい！ 髪がぼさぼさだ。

26 **No consigo colocarme bien este flequillo.**
この前髪、おさまり悪いなあ。

27 **¿Cuánto tarda en secarse el pelo mi mujer?**
うちの奥さん、髪乾かすのにどれだけ時間かかるんだ？

---

25 **desastre**：「惨事、大災害」を表す名詞だが、口語表現では、「さんざんな結果；ひどい物・状態」あるいは「どうしようもない人」などの意味でも使われる。
alborotado：（髪などが）乱れている。そのほか、髪のトラブルを指す表現に、aplastado（ぺしゃんこになっている）、dañado（痛んだ）、encrespado（縮れてまとまらない）、grasiento（ベタついている）、seco / reseco（パサついている）などがある。

26 **conseguir＋不定詞**：（努力の結果）〜することができる。
colocarse：（衣服・髪などを）整える。「髪をとかす」なら peinarse で OK。
flequillo：前髪。▶ cortar el flequillo（前髪を切る）

27 **tardar＋時間表現＋en＋不定詞**：〜するのに（ある時間）かかる。
secarse：（自分の体などを）乾かす、ふく。secarse el pelo で「髪を乾かす」。「ヘアドライヤー」は secadora (de pelo).

朝（起床、朝食、身支度）

28. ¡Qué horror! Tengo los ojos hinchados.
ああ、やだ！　目が腫れてる。

29. Me he pasado con la sombra de ojos.
アイシャドウ、塗りすぎちゃった。

30. Me han salido unos granos. ¿Será por este fondo de maquillaje?
にきびができてる。このファンデーションのせいかな？

---

28) horror：恐怖；不快感、いやなもの。
hinchado：腫れた、膨張した。お腹の張りや足のむくみ、虫刺されによる腫れなどに広く使える。hinchar（ふくらませる）の過去分詞形。▶Tengo el vientre hinchado.（お腹が張っている。）

29) pasarse con ...：〜をしすぎる、度を越す。
sombra (de ojos)：アイシャドウ。lápiz [delineador] de ojos は「アイライナー（英語の eyeliner もそのままの形で使われる）」、máscara (de ojos) / rímel は「マスカラ」、lápiz de cejas は「アイブローペンシル」。また、「アイメイクをする」は maquillarse [pintarse] los ojos と言う。

30) salirle (a+人)：（人に）（できものなどが）できる、（毛・歯などが）生える。
grano：にきび、できもの全般を指す。「にきび」と、より正確に言う場合は acné を用いる。▶loción antiacné（にきび用ローション）
fondo de maquillaje：ファンデーション。単に maquillaje とも言う。「下地」は base,「パウダー」は polvo,「チーク」は colorete,「口紅」は lápiz [barra] de labios.

Capítulo 1
Por la mañana

31 **A ver, ¿qué me pongo? Algo calentito, desde luego.**
さて、何を着ようかな。当然、何か暖かい格好だよね。

32 **Como he quedado con Daniel, tengo que ponerme guapa.**
ダニエルと約束があるから、おしゃれしなきゃ。

33 **Se me había olvidado planchar esta camisa.**
このシャツ、アイロンかけるの忘れてた。

---

31 **a ver：** どれどれ、さて。興味・関心を示したり、相手の注意を促すのに使われる。
ponerse： 〜を着る、付ける、かける。衣服、眼鏡、アクセサリーなど、身に付けるもの全般に使える。▶Ponte bien las gafas.（眼鏡、ちゃんとかけなさい。）
desde luego： 当然、もちろん。

32 **quedar (con ...)：** （〜と）会う約束をする、待ち合わせする。▶¿Quedamos para la semana que viene?（来週、会うことにしようか。）
ponerse guapo： （服装などを工夫して）おしゃれする、ばっちり決める。特に女性を主語にすることが多い。

33 **olvidársele (a+人)：**（人は）〜をうっかり忘れる。忘れられる事や物が主語、忘れる人が間接目的語となる。olvidarには、Quiero olvidar el pasado.（僕は過去を忘れたい。）のように、忘れる人が主語の他動詞用法、また、Me olvidé de la cita.（私は約束を忘れた。）のように、同じく忘れる人が主語の再帰用法もある。
planchar： アイロンをかける。「アイロン」は plancha。

朝（起床、朝食、身支度）

34　¿Qué corbata combina con este traje?
どのネクタイが、このスーツに合うだろう？

35　Me cuesta mucho tener que elegir la ropa todas las mañanas.
毎朝、服を選ばなきゃならないのって、大変だなあ。

36　Este cinturón me aprieta mucho. ¿Habré engordado?
このベルト、きつい。太ったかな？

---

34 combinar: 合う、調和する。他動詞としても使える。▶Voy a combinar estas botas con una minifalda.（このブーツはミニスカートに合わせよう。）

35 costarle (a+人)+不定詞: (人が)〜するのに苦労する、〜するのが大変だ。▶Te costará decirle la verdad.（君にとって、彼に真実を告げるのは大変なことだろう。）
ropa: 衣服、衣類；シーツ、タオル類。不加算名詞としての使用が基本なので、例えば「私は服をたくさん持っている」と言う場合、単数形のまま Tengo mucha ropa. とする。
▶ropa interior（下着）▶ropa de cama（シーツなど寝具に使うリネン類）

36 apretar: 強く押す、締めつける。ここでの主語は cinturón（ベルト）。「ベルトが私を締めつける」、すなわち「きつい」状態を表している。形容詞 estrecho（窮屈な）を用いて、Este cinturón me queda estrecho.（このベルト、私にはきつい。）のように言ってもよい。
engordar: 太る。ここでは未来完了形で推量を表す。「太っている」に対応する形容詞は gordo、「肥満の」は obeso. 反対の意味を示す adelgazar（やせる）、delgado（やせている）と一緒に覚えておこう。

Capítulo 1
Por la mañana

(37) Hoy voy a desayunar cereales, fruta y yogur.
今日の朝食は、シリアル、果物、それとヨーグルトにしよう。

(38) No puedes ir al colegio con el estómago vacío.
(子どもに)お腹すかせたまま学校に行くなんてだめ。

(39) Tómate al menos esta tostada antes de salir.
出かける前に、せめてこのトースト、食べなさい。

---

(37) **desayunar**: 朝食をとる。ここでは目的語を伴い、他動詞として使われている。cenar(夕食をとる)、almorzar(昼食をとる、(午前中に)軽食をとる)も同様に、他動詞としても機能する。 ►¿Qué has cenado?(夕飯は何を食べた?)
yogur: ヨーグルト。スペイン王立アカデミーはこの綴りを推奨しているが、yoghourt / yogourt / yoghurt / yogurt などのように表記に揺れがある。

(38) **estómago**: 胃、お腹。con el estómago vacío [lleno] で、「お腹が空っぽの[いっぱいの]状態で」の意。

(39) **tomarse**: 再帰代名詞 se は、飲食関係の動詞と組むと「きちんと全部食べて[飲んで]しまう」というふうに完了のニュアンスを加える。ここでの tómate は二人称単数命令形。
 ►Cómete las espinacas.(ほうれん草、きちんと食べてしまいなさい。)
al menos: 少なくとも、せめて。por lo menos も同じ意味。

朝(起床、朝食、身支度)

40
Saldré a pasear al perro. ¡Venga, Luna, vamos!

犬の散歩に行こう。さあ、ルナ、行くよ！

41
Hoy hace buen tiempo. ¡Ah!, tengo que aplicarme protector solar.

今日はいいお天気だ。あ、日焼け止め塗らなきゃ。

42
Según el pronóstico, la probabilidad de lluvia es del treinta por ciento.

天気予報によると、降水確率は30%だ。

---

40 **salir a＋不定詞**：〜しに出かける、出る。
　pasear al perro：犬を散歩させる。このように、直接目的語が人、ペットなどの動物、または擬人化した物の場合、前置詞aが必要となる。
　venga：さあ；わかった；まさか。促し・同意・不信などを表す。

41 **hacer**：(天候が)〜である。三人称単数、無主語で用いる。▶hace buen [mal] tiempo (天気がよい[悪い]) ▶hace calor [frío / viento] (暑い[寒い / 風が強い])
　aplicarse：(自分自身に)塗る、付ける。
　protector solar：日焼け止め。crema solar [antisolar], bloqueador solarなどとも言う。

42 **según**：〜によると、〜によれば。
　pronóstico (del tiempo)：天気予報。
　probabilidad：可能性、確率。
　por ciento：パーセント。ただし「100%」の場合はcien por cien / cien por ciento / ciento por cientoのいずれでもOK。「パーセンテージ」はporcentajeと言う。▶¿Cuál es el porcentaje de la población en paro en su país? (あなたの国の失業率はどのくらいですか？)

Capítulo 1
Por la mañana

43 **Echaré el paraguas en el bolso, por si acaso.**

念のため、バッグに傘を入れておこう。

44 **¿A qué hora era la cita con el dentista? Tengo que mirar la agenda.**

歯医者の予約、何時だったかな？ 手帳をチェックしなきゃ。

45 **Que no se me olvide programar la grabación de mi serie favorita.**

お気に入りのドラマの録画予約、忘れないようにしないと。

---

43 **echar :** 入れる、注ぐ；投げる、放る。
   bolso : バッグ。スペインでは主に女性用ハンドバッグを指して使われる。「袋、手提げ」には bolsa,「書類かばん、通学かばん」には cartera を用いるのが一般的。
   por si acaso : 念のため、万一に備えて。

44 **cita :** 待ち合わせ、(医者などの)予約；デート(の約束)。
   agenda : 手帳、予定表。mirar [consultar] la agenda で「手帳を確認する」。

45 **que＋接続法 :** 〜させろ、〜するようにしろ。間接命令を表す。ここでは、自分自身に対して「忘れないように」と言い聞かせている。
   grabación : 録画、録音。hacer una grabación で「録画する」、programar una grabación で「録画予約をセットする」。動詞形は grabar。
   serie : シリーズ、連続もの。「テレビドラマ」はスペインでは一般に telenovela (テレビ小説) や teleserie (テレビシリーズ) と言うが、文脈次第では serie だけでも通じる。メロドラマ系のものは culebrón (＝culebra (蛇) ＋増大辞 -ón) と呼ぶことも。
   favorito : お気に入りの、ひいきの。 ►¿Cuál es tu plato favorito?(君の好きな食べ物は？)

朝（起床、朝食、身支度）

46
Hoy me toca sacar la basura.
今日は私がゴミを出す番だ。

47
¡Huy!, por poco salgo a la calle en pijama.
おっと、パジャマで外に出るとこだった。

48
El móvil está sin batería. Lo cargaré en la oficina.
携帯の電池が切れてる。会社で充電しよう。

---

46 tocarle（a＋人）＋不定詞：（人に）〜する番が回ってくる、（人が）〜するときである。
  ▶ Alguna vez te tocará sufrir.（いつかは君も苦しむときがくるよ。）
  basura：ゴミ。地域差はあるが、スペインの一般的なゴミの分別の種類としては、basura orgánica（生ゴミ）、papel y cartón（紙、ダンボール）、envases y plástico（容器類、プラスチック）、cristal y vidrio（ガラス類）などがある。また、「ゴミ箱」の意味では、cubo de basura（ゴミバケツ）、papelera（紙くず入れ）などが使われる。

47 por poco＋直説法現在形：もう少しで〜するところだった。
  pijama：パジャマ。ワンピース型のいわゆる「ネグリジェ」は camisón と呼ばれるが、この単語は「シャツ」や「ナイトガウン」を指す場合もあるので注意が必要。

48 móvil：携帯電話。teléfono móvil の略。アルゼンチン、コロンビア、キューバ、ベネズエラなど中南米の一部の国では、(teléfono) celular と呼ぶほうが一般的。「固定電話」は (teléfono) fijo。 ▶ Te doy el número del fijo.（固定電話の番号を教えるね。）
  cargar：充電する；積む、載せる。「充電器」は cargador を使う。

Diario 1

Levantarse con el pie izquierdo

Hoy he vuelto a llegar tarde al trabajo. Tenía que levantarme a las siete y, por si acaso, había puesto el despertador a las siete menos cuarto. No sé si apagué el despertador o no. El caso es que cuando me desperté ya eran las siete y media. Me duché en cinco minutos y salí corriendo de casa sin desayunar. Encima, pillé un atasco monumental. Entre el hambre y los nervios, aquello parecía una pesadilla. Estoy convencido de que "levantarse con el pie izquierdo" se refiere exactamente a lo que me pasó esta mañana.

朝からついてない

今日は、またも会社に遅刻してしまった。7時には起きなければいけなかったので、念のため7時15分前に目覚ましをかけておいた。目覚ましを止めたかどうかは記憶にない。とにかく、目が覚めたら7時半だったというわけ。5分でシャワーを浴びて、朝食抜きで家を飛び出した。そのうえ、とてつもない渋滞に巻き込まれてしまい、空腹といらいらで、悪夢のようだった。「朝からついていない」とは、まさに今朝の僕のことを指すんだと確信。

Notas

levantarse con el pie izquierdo： 直訳は「左足から起きる（ベッドから降りる際、最初の一歩を左足で踏む）」。朝から悪いことが重なったり、一日中失敗ばかり繰り返してしまうことを指す。

volver a＋不定詞： 再び～する、また～する。▶¿No podemos volver a empezar?（僕ら、もう一度やり直せないかな？）

por si acaso： 念のため、万一に備えて。

apagar： （電気・スイッチなどを）消す；（火を）消す。反対は encender（点灯する、（スイッチなどを）入れる；点火する）。

el caso es que ... ： 要するに～である。話のポイントとなる、より重要な内容を導入する。「でも、実際は～」と相手の話の腰を折るのにも使われる。▶Yo te quiero mucho. —Ya..., el caso es que no lo demuestras.（君のことが大好きだよ。—うん…、でも実際のところ、行動で示してはいないよね。）

ducharse： シャワーを浴びる。darse [tomar] una ducha とも言う。

encima： さらに、そのうえ。

atasco： 交通渋滞。pillar (un) atasco で「渋滞に遭う」の意。動詞形は atascarse（詰まる、滞る）。

monumental： 巨大な；すばらしい；すさまじい。monumento（記念碑）から派生した形容詞。話し言葉で使われ、大げさな感じが出る。▶Le voy a echar una bronca monumental.（彼をこっぴどく叱ってやろう。）

entre ... y ... ： 「～やら～やらで」と原因などを列挙する場合、このように前置詞の entre を用いる。▶Entre la mudanza y el nacimiento de la niña, el verano pasó volando.（引っ越しやら娘の誕生やらで、夏はあっという間に過ぎ去った。）

nervio： 神経；いらいらした状態。

pesadilla： 悪夢；恐ろしいこと。

convencido de ... ： ～を確信している、納得している。「～を確信する」は convencerse de ... と言う。

referirse a ... ： ～について言及する、～を指す。▶No sé a qué se refiere usted.（何のお話かわかりません。）

pasar： （物事が）起こる、生じる。三人称で用いる。

Diario 2

Un día redondo

Mi primer día de vacaciones no ha podido ser mejor. Según me levanté sin despertador (!), fui a correr al parque. Después de desayunar, llamé a Carmen para fijar la hora de nuestra cita. Como ella todavía estaba en pijama e iba a tardar bastante en prepararse, quedamos a la hora de comer. Como ella siempre va muy guapa, me arreglé a conciencia: me maquillé bien, me pinté las uñas y me puse el vestido nuevo que compré la semana pasada. No sé si fue un cumplido, pero Carmen me dijo que me encontraba "superelegante" (ella no suele decir estas cosas). ¡Qué bien! Si dormir bien y hacer un poco de deporte tiene este efecto positivo, seguiré haciendo lo mismo que hoy al menos durante estas vacaciones.

完璧な一日

最高のバカンス初日だった。目覚ましなしで（！）起きて、すぐに公園に走りに行った。朝食後、待ち合わせの時間を決めるためにカルメンに電話すると、向こうはまだパジャマで、支度にしばらくかかるようだったので、昼食の時間に落ち合うことにした。カルメンはいつもきれいにしているので、身支度にとても気をつかった。きちんとお化粧して、マニキュアを塗って、先週買った新しいワンピースを着た。お世辞かもしれないけど、カルメンに「超エレガント」と言ってもらえた（彼女はめったにこんなことは言わない）。ああ、よかった！ よく寝て、ちょっと運動するだけで、こんなにいい効果があるなら、少なくともこの休暇中は、今朝と同じようにしよう。

Notas

redondo： 丸い；完璧な。

no ha podido ser mejor： 比較級を否定構文で使用した強調的表現。「よりよくはなりえなかった」、つまり「最高だった」という意味を表す。

según＋直説法： 〜すると同時に、〜するとすぐに。

fijar： 固定する、確定する。fijar la hora（時刻を決める）のように、日時や場所を取り決めるという意味でよく使われる。▶ fijar la fecha y el lugar de la próxima reunión（次の会合の日にちと場所を決める）

tardar＋時間表現＋en＋不定詞： 〜するのに（ある時間）かかる。

prepararse： 準備する、支度する。

quedar (con ...)： （〜と）待ち合わせする、会う約束をする。

arreglarse： 身支度する、身なりを整える。

a conciencia： 手を抜かずに、徹底的に。

maquillarse： 化粧をする、メイクする。

pintarse las uñas： 爪にマニキュアを塗る。pintarse の代わりに hacerse を使っても OK。

cumplido： お世辞、称賛；作法、心遣い。

encontrar＋〈a＋人・物〉＋〈形容詞・副詞〉： （人・物が）〜だとわかる、思う、感じる。
▶ Lo encuentro atractivo.（彼は魅力的だと思う。）

super-：「超〜」に対応する接頭辞。▶ supersónico（超音波の）話し言葉では、例文の superelegante のように、単なる強意で「ものすごく」の意味で用いられることも多い。

soler＋不定詞： 〜するのを常とする、よく〜する。

seguir＋現在分詞： 〜し続ける。

al menos： 少なくとも、せめて。

Apuntes varios

El desayuno clásico
朝食の定番

　スペインの朝食は、いたってシンプル。ミルクたっぷりのコーヒー (café con leche) に、シンプルなビスケット (galletas) あるいは小さなスポンジ生地の焼き菓子 (magdalena / sobao) などで済ませるのが一般的です。

　もちろん、搾りたてのオレンジジュース (zumo de naranja)、そしてトースト (tostada) にバター (mantequilla) やジャム (mermelada) を塗ったものも定番のひとつですが、バターの代わりにオリーブオイル (aceite de oliva) を付けるのが、よりスペイン風。ただし、この食べ方には「食パン (pan de molde) は合わない」「エキストラ・バージン (virgen extra) のオイルじゃなきゃだめ」など、色々とこだわりを見せる人が多いようです。

　また、食のグローバル化に伴い、シリアル (cereales) もすっかり定着しています。オレンジジュース、低カロリーのシリアル、そして低脂肪ヨーグルト。健康志向を受けて、そんなメニューも当たり前となったスペインの朝ごはんですが、「たまに、伝統的な chocolate con churros (思いっきり濃いホットチョコレートと、チュロスと呼ばれる揚げ菓子の組み合わせ) が猛烈に食べたくなる」と言う人も決して少なくありません。実際、街角のバル (bar) などでは、コーヒー片手にチュロスをつまんでいる勇敢な (？) メタボ世代の人々の姿も見受けられ、何とも微笑ましい気分にさせられます。

Capítulo 2
De camino al trabajo

通勤、通学

車、電車や地下鉄、バスなどの交通機関で移動している間の表現です。
通勤電車に揺られながらも、頭の中はスペイン語モードで。

Capítulo 2
De camino al trabajo

1. ¡Qué viento! ¿Sería descabellado ir en bicicleta?
すごい風だ。自転車は無謀だろうか。

2. Me pican los ojos. ¿Será la alergia al polen?
目がかゆい。花粉症かな？

3. Está nevando. Menos mal que llevo botas.
雪が降ってる。ブーツにしてよかった。

---

1) sería ... : 〜だろう(か)。sería は ser 動詞の過去未来形。過去未来形は、しばしばこのような緩和的表現に使われる。
descabellado : 思慮を欠いた、常軌を逸した。
ir en ... : (乗り物で) 行く。ir en coche [tren / autobús / metro / taxi / avión] (車 [電車 / バス / 地下鉄 / タクシー / 飛行機] で行く) のように用いる。

2) picarle (a+人) : (人は) 〜がかゆい。かゆい部位が主語になる。
alergia al polen : 花粉アレルギー。alergia al huevo (卵アレルギー)、alergia a los fármacos (薬物アレルギー) のように、アレルギーの原因となる物質を、前置詞 a で導入するのがポイント。

3) menos mal que＋直説法 : 〜でまあよかった、まだましだ。que 以下を省いて、単独でも使える。▶Me van a devolver el dinero. — Menos mal. (返金してくれるって。—不幸中の幸いってとこね。)
bota : ブーツ、長靴。botín は「ショートブーツ」。

通勤、通学

(4) Odio los coches que no paran en los pasos de cebra.
横断歩道で止まらない車って、最低！

(5) ¿He cerrado la puerta de entrada con llave? ... No me acuerdo.
玄関の鍵、かけたっけ？　…思い出せない。

(6) Vaya, el autobús ya está llegando. A correr, pues.
あ、もうバスが来てる。よし、走るぞ。

---

(4) **odiar**：憎む。「〜は最低だ、〜って本当にいやだな」のような、極端にネガティブな評価を表すのによく使われる。
parar：停まる、停止する。
paso de cebra：横断歩道。cebra は「シマウマ」のこと。ちなみに、「歩道橋」は puente elevado (para peatones) と言う。

(5) **llave**：鍵；(ガス・水道の) 栓。cerrar la puerta con llave で「ドアを鍵で閉める」。
acordarse：思い出す、覚えている。思い出す対象は、前置詞 de により導入する。▶ ¿Te acuerdas de mí? (僕のこと覚えてる？)

(6) **vaya**：驚きや不快、失望などを表す間投詞。ir 動詞の接続法現在形に由来。
a＋不定詞：さあ〜しなさい；〜しよう。単独で用いて、命令や勧誘を表す。▶ ¡A comer! (ごはんよ！)
pues：それなら、それでは。主に文頭か文末に置かれる。

25

Capítulo 2
De camino al trabajo

7 **Con esta lluvia, seguro que pillaré atasco.**

この雨じゃ、渋滞に巻き込まれるのは確実だな。

8 **Llevamos veinte minutos sin avanzar. Estoy harto.**

もう20分も進んでない。もう、うんざりだ。

9 **¿Cuándo se pondrá verde este semáforo?**

この信号、いつ青になるんだろう。

---

7 **seguro que＋直説法**： きっと〜だ。確信を表す。
  atasco： 渋滞。pillar (un) atasco で「渋滞に遭う」。関連表現として hora(s) punta (ラッシュアワー) も覚えておくと便利。

8 **llevar＋時間表現＋sin＋不定詞**： (特定の時間)の間〜していない。▶Llevo dos semanas sin hablar con él. (もう彼と2週間話していない。)
  avanzar： 進む、前進する。
  harto： うんざりした、飽き飽きした。「〜にうんざり」と言う場合は、前置詞de を用いる。▶Estoy harto de ti. (君にはうんざりだ。)

9 **ponerse＋〈形容詞・副詞〉**： 〜になる、〜に変わる。ponerse verde (緑になる) は、ここでは信号が青になることを指す。「青信号」も verde を使って luz verde と言う。日本語から直訳して azul (青い) を用いても、信号のこととは理解されないので注意。
  semáforo： 交通信号、信号機。

通勤、通学

10
Como siga así, será imposible asistir a la reunión.
この調子だと、会議に出席するのは無理だな。

11
Por fin he podido aparcar cerca de la guardería.
やっと保育園の近くに駐車できた。

12
El ascensor de la estación está averiado. ¿Qué habrá sucedido?
駅のエレベーターが故障してる。どうしたんだろう？

---

10 **como＋接続法**：もし〜なら、〜したら。警告やネガティブな予測などで使われることが多い。▶Como te acerques más, disparo.（これ以上近づいたら、撃つぞ。）
asistir a ...：〜に出席する、参加する。

11 **por fin**：やっと、ようやく。en fin（つまり、結局；やれやれ）との区別に注意。▶En fin, necesitas esforzarte más.（つまるところ、君はもっと努力が必要だね。）
aparcar：駐車する。estacionar [dejar] el coche と言ってもよい。
guardería：保育園、託児所、幼稚園。guardería infantil を短くした言い方。

12 **ascensor**：エレベーター。メキシコなど中南米の一部では、elevador が使われる。「エスカレーター」は escalera mecánica と言う。
averiado：故障した。動詞形は averiarse（故障する）。
suceder：（出来事が）起こる、生じる。habrá sucedido は未来完了形で、推量を表す。

Capítulo 2
De camino al trabajo

13 **Todavía faltan diez minutos para el próximo tren. Me pasaré por el quiosco.**

次の電車まで、まだ10分もある。キオスクに寄って行こう。

14 **He vuelto a olvidar el abono transporte.**

定期、また忘れちゃった。

15 **¡Qué vacío va el tren! ¡Ojalá siempre fuera así!**

電車がガラガラだなあ。いつもこうならいいのに。

---

13 **faltar+数量表現+para+〈名詞・不定詞・que+接続法〉**：~まで(時間・距離)が残っている。 ▶Todavía falta mucho para la primavera. (まだ春はかなり先だ。)
pasar(se) por ...：~に立ち寄る。▶Pásate por mi casa mañana. (明日家に寄ってね。)
quiosco：キオスク、売店。kiosco とも書く。なお、「コンビニ」はスペインではあまり普及していないが、訳語としては tienda de conveniencia が用いられている。

14 **volver a+不定詞**：再び~する。
abono：定期券;予約入場券;予約購読。abono transporte で「交通機関の定期券」。

15 **vacío**：空っぽの;空いた、すいている。反義語は lleno (いっぱいの)。トイレや椅子などが使われていない状態は、普通、libre で表す(この場合の反義語は ocupado)。
Ojalá (que)+接続法：~でありますように。強い願望を示す。ojalá のあとには常に接続法が用いられるが、実現可能なら現在形、そうでなければ過去形を用いる。例文の fuera は ser 動詞の接続法過去形 (三人称単数)。¡Ojalá! 単独でも用いられる。 ▶¿Llegará Pedro a tiempo? — ¡Ojalá! (ペドロ、間に合うかな?—そう祈るよ。)

通勤、通学

16
¿Por qué hay tanta gente en el andén?

なんでホームがこんなに混んでるんだろう？

17
Debe de haber algún problema en la línea. Quizá sea mejor optar por otro itinerario.

路線に何か問題があるに違いない。別ルートで行ったほうがいいかも。

18
¡Vaya!, el tren se ha ido. ¡Qué le vamos a hacer! Esperaré el siguiente…

電車が行っちゃった！ 仕方ない、次のを待つか…。

---

16 andén：プラットホーム、ホーム。

17 deber (de) ＋不定詞：〜するに違いない、〜はずである。確信に近い推定を表す。de を省略することもあるが、その結果、義務表現の 'deber＋不定詞'（〜すべきである）と同形となるため、解釈に曖昧性が生じる場合もある。▶ Carmen debe estar en casa.（カルメンは家にいるはずだ［べきだ］。）

quizá(s)＋接続法：たぶん〜かもしれない。なお、実現可能性が高いことについて言う場合や、話者の確信が強い場合は〈＋直説法〉も使われる。▶ Quizá me he enamorado de ti.（僕、もしかして君のこと好きになったかも。）

ser mejor＋〈不定詞・que＋接続法〉：（三人称単数形で）〜したほうがいい。

optar por ...：〜を選ぶ、選択する。

itinerario：旅程、行程、旅行計画。

18 irse：出かける；行ってしまう。▶ Nos vamos en cinco minutos.（5分で出かけるよ。）

¡Qué le vamos a hacer!：仕方がない、どうしようもない。諦めの気持ちを表す。

Capítulo 2
De camino al trabajo

(19) Uff, pensé que se me iba a caer la sandalia en la vía.

ふう、サンダル、線路に落としちゃうかと思った。

(20) Este vagón tiene el aire acondicionado demasiado fuerte. Me estoy congelando.

この車両、冷房が強すぎる。凍えちゃうよ。

(21) Perdone, ¿puedo sentarme aquí?

（ほかの乗客に）すみません、ここ座ってもいいですか？

---

(19) **caérsele（a＋人）**：（人の意志と関わりなく）落ちる、外れる。落ちる物が主語、落とす人が間接目的語になる。わざと落としたわけではない、というニュアンスになる。▶Mamá, se me han caído las gafas y se han roto. — ¿Seguro que no ha sido adrede? (ママ、眼鏡が落ちて壊れちゃったの。—わざとやったんじゃないでしょうね？)
vía：線路、車線。vía de tren（または vía ferroviaria）の略。

(20) **vagón**：車両。▶vagón de mercancías（貨車）▶vagón restaurante（食堂車）
aire acondicionado：エアコン、空調。略して aire とも言う。「暖房」は calefacción.
congelarse：凍る、凍える。人を主語に使うと、やや大げさな表現になる。単に「寒い」と言う場合には、tener frío を用いる。

(21) **Perdone.**：すみません。perdonar（許す）の usted に対する命令形で、比較的丁寧に話しかけるときの表現。tú に対してなら perdona となる。これらは間投詞の perdón と同様、謝罪にも使える。

通勤、通学

22
Por fin logro sentarme. Voy a seguir con la lectura de la novela.

やっと座れた。小説の続きを読もうっと。

23
¿Qué estará leyendo? Pero si yo también tengo ese libro.

何読んでるんだろう？ あ、この本、私も持ってる。

24
Me está entrando sueño. Pero será mejor que repase el guion de la presentación de hoy.

眠くなってきた。でも、今日のプレゼンの進行をもう一度確認したほうがいいな。

---

22 **por fin**：やっと、ようやく。
lograr＋不定詞：～し遂げる、～に成功する。
seguir con ...：～に取り組み続ける；～を手放さずに[捨てずに]いる。 ▶¿Hasta cuándo vas a seguir con esa mentira? (いつまで、そんな嘘をつき続けるの？)
lectura：読書、読むこと；読み物。

23 **pero si ...**：～だよ、～なのに；～とは驚いた。強調や驚きを示す。 ▶No me llamas nunca. — Pero si te llamo todos los días. (全然電話くれないのね。—毎日電話してるじゃないか。)

24 **entrarle (a＋人)**：(人に)～の感情・感覚が生じる。 ▶Después de comer, me entró un sopor invencible. (食事のあとで、猛烈な睡魔に襲われた。)
repasar：復習する、見直す。「復習」は repaso.
guion：概略、要旨；シナリオ、台本。

Capítulo 2
De camino al trabajo

(25) Como tengo que hacer transbordo pronto, me quedaré cerca de la puerta.

すぐ乗り換えなきゃいけないから、ドアの近くにいよう。

(26) Si está embarazada, debería cederle el asiento; ¿y si me equivoco?

もし妊婦さんなら席を譲るべきだけど、違ってたらどうしよう。

(27) Lo siento. ¿Le he hecho daño?

(ほかの乗客に) ごめんなさい。おけがはありませんか？

---

(25) **hacer transbordo**：(列車・飛行機などを) 乗り換える。cambiar de tren [autobús / avión] などとも言える。▶¿Tenemos que cambiar de tren? (乗り換えが必要かな？)
quedarse：(場所に) 留まる、居残る。

(26) **embarazada**：妊娠している。英語の (be) embarrassed (恥ずかしい、きまりが悪い) と形は似ているが、意味が全く異なるので注意。「妊娠」は embarazo.
deber＋不定詞：〜しなければならない。debería は過去未来形で、「〜すべきなのだが」。
ceder：譲る。ceder el asiento で「席を譲る」。
y si ...：でも、〜だったらどうしよう。「ところで、〜するのはどう？」と提案を導入する用法もある。▶¿A dónde vamos? — ¿Y si cenamos en casa? (どこに行こうか？—ええっと、家で夕飯ってのはどう？)
equivocarse：間違える。目的語は前置詞 de で導入する。

(27) **Lo siento.**：「すみません、ごめんなさい」という謝罪表現。呼びかけには使わない。
hacerle daño (a＋人)：(人に) 害を与える、(人を) 傷つける。

通勤、通学

28
Esta mujer lleva unos tacones altísimos. ¡Que no me pise!

この人、すごいヒールだ。足、踏まれませんように！

29
Es muy duro hacer dos horas de ida y dos de vuelta todos los días. Me gustaría vivir cerca del trabajo.

毎日片道 2 時間は、しんどいなあ。会社の近くに住みたい。

30
¡No me lo puedo creer! ¡Me he pasado de estación!

うわ、まさか！ 乗り過ごしちゃったよ！

---

28 tacón： (靴の)ヒール。
que＋接続法： 〜しますように。願望を表す。▶Que haga buen tiempo. (いい天気になりますように。)
pisar： 踏む。「(人の)足を踏む」は、'pisarle el pie (a＋人)' となる。

29 duro： 固い；難しい、困難な。
ida： 行きの道、往路。「復路」は vuelta. ▶billete de ida y vuelta (往復切符)
le gustaría (a＋人)＋不定詞： (三人称単数形で)(できれば)〜したい。gustar を過去未来形で用いることで、婉曲な願望表現になる。

30 ¡No me lo puedo creer!： 信じられない！ 驚きを強調して表すのに用いられる。
pasarse de ...： 〜を超える、行き過ぎる。▶Me he pasado de la raya con mi mejor amiga. (親友に対して、言い過ぎて[やり過ぎて]しまった。)

Capítulo 2
De camino al trabajo

(31) Hoy llego con tiempo de sobra.

今日はかなり余裕で到着だな。

(32) Bajaré en una parada anterior para ir andando.

ひとつ前の停留所で降りて、歩いて行こう。

(33) Bueno, tampoco tengo tanto tiempo.

いや、そこまでの時間はないか。

---

(31) **de sobra :** 余分に、充分に。 ▶Aquí hay sitio de sobra. (ここには、あり余るほどスペースがある。)

(32) **parada :** 停留所、乗り場、停車駅。 ▶parada de autobús (バス停) ▶parada de taxis (タクシー乗り場) ▶última parada (終点)
  ir andando : 歩いて行く。ir a pie とも言う。 ▶Suelo ir a pie hasta la estación. (駅までは、たいてい徒歩です。)

(33) **bueno :** 形容詞 bueno から派生した間投詞。承諾・驚き・話題の転換など、活用範囲が広い。例文では、前言に対するためらい、あるいは否定的な態度が表現されている。
  tampoco : 〜というわけではない、〜ほどではない。直前の発話内容を否定、または緩和する。 ▶Vamos a llamar a la policía. — Tampoco es para tanto. (警察を呼ぼう。—いや、それほどのことじゃないよ。)

通勤、通学

¡Otro frenazo! Debería conducir con un poco más de cuidado.
(34)

また急ブレーキ。もっと丁寧に運転すべきだ。

Mi parada es la siguiente. Tengo que pulsar el timbre.
(35)

私の降りるバス停、次だ。ブザー押さなきゃ。

¿De quién será este paraguas? ¿Se le habrá olvidado a alguien?
(36)

この傘、誰のだろう？　忘れ物かな？

---

(34) **frenazo**：急ブレーキ。「ブレーキ」は freno と言う。accionar [echar] el freno で「ブレーキをかける」、pisar el freno で「ブレーキを踏む」という意味。► No olvides echar el freno de mano.（ハンドブレーキ、かけ忘れないで。）
conducir：運転する。► No sé conducir.（私は車の運転ができない。）
cuidado：注意、用心。con cuidado で「注意深く」、tener [poner] cuidado で「注意する、気をつける」。

(35) **pulsar**：押す。► pulsar el botón（ボタンを押す）
timbre：呼び鈴、ブザー、チャイム。llamar al timbre で「チャイムを鳴らす」。► Cuando llegues, llama al timbre de la entrada.（着いたら、玄関のチャイムを鳴らしてね。）

(36) **olvidársele (a+人)**：（人は）〜をうっかり忘れる。忘れられる事や物が主語、忘れる人が間接目的語となる（⇒ p. 12）。ここでは未来完了形で、推量を表している。

Capítulo 2
De camino al trabajo

(37) **Hoy volveré a casa directamente.**

今日は寄り道せずに帰ろう。

(38) **¡Qué hambre tengo! Compraré algo cerca de la estación para cenar.**

お腹減ったなあ。夕飯は駅前で何か買って帰ろう。

(39) **Se me ha hecho tarde. Llamaré a casa para que vayan a buscarme a la estación.**

遅くなっちゃった。家に電話して、駅まで迎えに来てもらおう。

---

(37) **directamente**：まっすぐに、直接。「〜に寄る」は、pasar por ... と言う。▶Pasaré por un súper.（スーパーに寄って行こう。）

(38) **tener hambre**：お腹がすいている。満腹の状態は、estar lleno と表す。▶Estoy lleno. — ¿Ya? Yo todavía tengo mucha hambre.（お腹いっぱい。—もう? 私は、まだまだ空腹だけど。）

(39) **hacérsele tarde**（**a**＋人）：（人が）遅くなる。三人称単数で用いる。▶Que no se te haga demasiado tarde.（遅くなり過ぎないようにね。）
  para que＋接続法：〜するために、〜するように。
  ir a buscar a＋人（**a**＋場所）：人を（場所に）迎えに行く。buscar は日本語の「探す、捜す」より守備範囲が広く、「迎えに行く、取りに行く」という意味もあるので覚えておこう。また、逆に、'ir a buscar a＋人' も、文脈や状況によっては「捜しに行く」と解釈するのが適切な場合もある。

通勤、通学

40 Este vagón está lleno de borrachos. Bueno, en realidad yo soy uno de ellos.

この車両、酔っ払いが多いな。おっと、実は俺もだけど。

41 No hay nadie en la parada. ¿No habré perdido el último autobús?

バス停に誰もいない。もしかして、終バスに乗り遅れたとか。

42 ¿Cuánto costará volver a casa en taxi desde aquí?

ここから家まで、タクシーでいくらくらいだろう？

---

40 **lleno de ...**：〜でいっぱいの、〜だらけの。
borracho：酔っ払い。estar borracho（酔っている）のように、形容詞としても使われる。
en realidad：実際は、本当のところは。

41 **perder**：逃す、乗り遅れる。habré perdido は未来完了形。未来完了形は、未来に完了することだけでなく、発話の時点で完了している（と思われる）ことに関する推量も表す。
▶ ¿Ya habrá llegado Carmen?（カルメンはもう着いただろうか？）

42 **costar＋数量表現**：（金額・費用が）かかる、（値段・費用が）〜である。主語は、名詞、不定詞のいずれでも OK。▶ Sus cuadros cuestan mucho dinero.（彼の絵はとても値段が高い。）

Diario 3

Pequeño dilema en el metro

Esta mañana, cuando iba sentada en el metro, se puso delante de mí una mujer con apariencia de estar embarazada. Pero no podía estar segura de si en realidad lo estaba o no. ¿Qué puedo hacer? ¿Debería cederle el asiento? Pero, si resulta que no está embarazada, voy a hacer el ridículo… Por supuesto, no me atrevía a preguntarle algo tan personal, así que, después de unos segundos eternos de indecisión, me levanté como si la siguiente estación fuera la mía. Cuando se abrieron las puertas, salí y me eché una carrera hasta el siguiente vagón, pero antes, al menos, pude ver que ella se había sentado en el sitio que yo había dejado. Me sentí satisfecha por ello, aunque un poco deprimida por mi exceso de timidez.

地下鉄での小さなジレンマ

今朝、地下鉄で座っていたら、目の前に妊婦さんらしき女性が立った。でも、本当に妊娠中なのかどうか確信は持てなかった。どうしよう、席を譲るべきかな？ だけど、もし妊婦さんじゃなかったら、すごく気まずいし…。もちろん、そんな個人的なことを尋ねる勇気もなく、迷いに迷って、とてつもなく長く感じられた数秒のあと、あたかも次の駅で降りるようなふりをして立ち上がった。ドアが開くと同時に飛び降りて、隣の車両まで走った。でもその前に、彼女が私の空けた席に座ったことはどうにか確認できた。だから満足だったけど、とはいえ、自分のあまりの内気さに少し落ち込んだのも事実。

Notas

dilema : ジレンマ、板ばさみ。
ponerse ... : (特定の位置・場所に)身を置く。
apariencia : 外観、見かけ；見せかけ。
embarazada : 妊娠している。
seguro de ... : 〜を確信した、〜について自信がある。
lo (estar [ser / parecer]): そう(である)、そう(見える)。lo は、既出の形容詞や名詞の意味内容を指す。 ▶¿Está usted cansada? — No, no lo estoy.(お疲れですか？—いえ、そんなことありません。) ▶¿Eres estudiante? — Sí, lo soy. (君は学生なの？—うん、そうだよ。)
resultar que ... : 〜であると判明する；実は〜というわけである。三人称単数形で用いる。
ridículo : 笑いもの、物笑いの種。hacer el ridículo で「笑いものになる、ばつの悪い思いをする」の意。
por supuesto : もちろん、当然。
atreverse a＋不定詞 : 思い切って〜する、大胆なことに〜する。
personal : 個人の、個人的な、私的な；個性的な。 ▶efectos personales (身の回り品) ▶asunto personal(個人的な問題) ▶por motivos personales(一身上の都合で) ▶estilo personal(個性的なスタイル)
así que ... : だから〜、それで〜。結論・結果を示す。 ▶Llegaré bastante tarde; así que no me esperéis.(僕はかなり遅れそうだから、君たち、待ってくれなくていいよ。)
eterno : 永遠の、終わりのない；果てしなく続く。
indecisión : 優柔不断、ためらい。関連表現に duda (疑問、迷い) などがある。
levantarse : 立ち上がる；起き上がる、起きる。
como si＋接続法過去形 : あたかも〜であるかのように。 ▶Me cuida como si fuese mi madre.(彼女は、まるで私の母親であるかのように世話をしてくれる。)
carrera : 走ること；競走、競争。echarse [darse] una carrera で「ひと走りする」。
al menos : 少なくとも、せめて。
sentirse＋〈形容詞・副詞〉: (自分自身について)〜だと感じる。sentirse satisfecho で「満足する、満ち足りた気持ちになる」の意。 ▶Me siento desdichado. (僕は不幸だ。)
deprimido : (気分・景気が)落ち込んでいる；うつ状態の。名詞形は depresión (落ち込み；うつ病)、動詞形は deprimirse (落ち込む；うつ病になる)。
exceso de ... : 〜の過剰、過多。 ▶exceso de calorías (カロリー過多)
timidez : 内気、小心。形容詞形は tímido (内気な、恥ずかしがりの)。

Diario 4

El (¡largo!) camino a casa

Anoche llegué a casa bastante tarde. Después del trabajo, fui a tomar una copa con unos compañeros. Lo pasamos bien; pero, después, cuando ya me dirigía a la estación solo — los otros se fueron a tomar *ramen*. ¡Qué apetito tienen! —, empezó a diluviar. Como no llevaba paraguas, llegué a la estación empapado. Además, allí descubrí que el servicio de trenes estaba suspendido. Entonces, fui corriendo a la parada de taxi, pero ya había una cola interminable. Iba a ponerme a la cola cuando me encontré con un vecino, quien estaba en la misma situación. Decidimos dejar pasar el tiempo tomando un café. Afortunadamente, este plan salió bien y cuando volvimos a la estación los trenes circulaban con normalidad.

家までの（長い！）道のり

昨日の夜は帰宅がかなり遅くなった。仕事のあと、同僚たちと飲みに行って、楽しく過ごした。その後、一人で駅に向かっていたら（ほかのみんなはラーメンを食べに行った。なんて食欲なんだ！）、すごい雨が降り出した。傘を持っていなかったので、駅に着いた頃にはずぶ濡れだった。そのうえ、なんと、電車が止まっているとのこと。それでタクシー乗り場に走ったものの、すでに長蛇の列だった。列に並ぼうとしていたら、ご近所さんに出会った。彼も僕と同じ状況だったのだ。そこで、コーヒーでも飲みながら、少し待ってみることにした。幸い、この作戦が当たって、また駅に戻ったときには、電車も平常どおり運行していた。

Notas

copa: グラス。「グラス1杯の酒」の意味でも用いられる。tomar una copa で「一杯飲む、一杯やる」。

pasarlo bien: 楽しむ、楽しいひと時を過ごす。中南米のスペイン語では、しばしば lo ではなく la が用いられる。

dirigirse a ...: ～に向かう、～を目指す。なお、'dirigirse a＋人' で、「(人に) 話しかける、手紙などを書き送る」の意味。▶Me dirijo a usted para presentarle nuestro nuevo producto.（私どもの新商品をご紹介したく、お手紙を差し上げています。）

apetito: 食欲。形容詞 apetitoso は「食欲をそそる、おいしそうな」の意。

empezar a＋不定詞: ～し始める。

diluviar: 大雨が降る。llover（雨が降る）、nevar（雪が降る）などと同様に、三人称単数形そして無主語で用いる。

empapado: ずぶ濡れの、びしょびしょの。empapar（ずぶ濡れにする）の過去分詞形。

descubrir: 発見する、見つける、気がつく。

suspendido: （交通機関などが）運休している、運行を見合わせている、一時停止している。suspender（一時停止する、見合わせる）の過去分詞形。

cola: （待ち並ぶ人や車などの）列、行列。「列を作る」は hacer cola、「列につく」は ponerse a la cola となる。▶Hacer cola para una tarta es una tontería.（ケーキひとつのために行列を作るなんて、ばかげている。）

interminable: 果てしない、延々と続く。

encontrarse con ...: （偶然）～に出会う、～を見つける。'encontrarse＋直接目的語' でも同じ意味になる。▶¿Quién te lo dio? — Me lo encontré.（それ、誰にもらったの？—これは、僕が見つけたんだ。）

vecino: 近所の人、隣人。

decidir＋不定詞: ～しようと決める、決心する。

dejar＋不定詞: ～させておく。dejar pasar el tiempo で「時間が過ぎるままにしておく」、つまり「時間を置く、待って様子を見る」の意。

afortunadamente: 幸運にも、幸いなことに。

salir bien: うまくいく、いい結果になる。反対は salir mal（うまくいかない、悪い結果になる）。▶El examen salió bien.（試験はうまくいった。）

circular: （車・電車などが）走る、運行する。▶En España los coches circulan por la derecha.（スペインでは、車は右側通行だ。）

Apuntes varios

Los atascos en Madrid y el carril Bus-VAO

マドリッドの渋滞と "Bus-VAO" 専用レーン

　マドリッドはヨーロッパでも有数の大都市。通勤圏も広く、郊外（afueras）の市町村（municipios）はもちろん、セゴビア、トレド、グアダラハラなど、マドリッド州（Comunidad de Madrid）の外から通っている人も、さほど珍しくはありません。そんな大都市ならではの悩みが、通勤ラッシュ。特に、朝夕の車の混雑はひどく、郊外と都心をつなぐ高速道路（autopista）や市の環状道路（carretera de circunvalación）では、来る日も来る日も、何キロにもおよぶ渋滞が繰り返されています。

　この事態を少しでも解消しようと設置されたのが、2名以上の乗員を乗せた車専用の車線、carril VAO（VAOレーン）です。VAOとはVehículos con Alta Ocupaciónの略で、「乗車率の高い車」という意味。バスもこのレーンを走るため、一般にBus-VAOと呼ばれています。渋滞知らずの専用レーンは確かに便利なのですが、1人1台のマイカー通勤の自粛など、当初期待されたような効果はあまり感じられません。自粛どころか、1人乗りなのに、ちゃっかりBus-VAO専用レーンに入りこんでいる反則組がちらほら見られるほど。見つかったら罰金（multa）と知っての行為なのか？　見つからないと高をくくっているのか？　いずれにせよ、マイカー通勤族の抵抗はまだまだ続きそうです。

Capítulo 3
En el trabajo y en clase

職場やクラスで

日々の業務や会議、同僚や上司に関することなど、
ビジネスマン向けの例文のほか、
キャンパスライフについての表現も学べます。

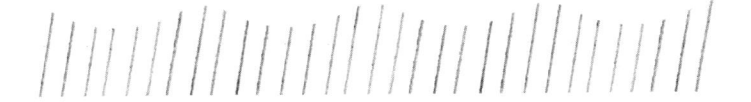

Capítulo 3
En el trabajo y en clase

① Este informe corre mucha prisa. Pues, ¡manos a la obra!

このレポート、大至急か。よし、早速取りかかろう！

② Pero primero voy a escanear esta factura y a contestar al correo electrónico.

でもまずは、この請求書をスキャンして、メールに返信しておこう。

③ No funciona la fotocopiadora. ¿Estará atascada?

コピー機が動かない。紙詰まりかな？

---

① **informe :** レポート、報告書。
 correr prisa : 急を要する。急ぐ案件自体が主語になる。
 manos a la obra : 「仕事にかかろう」という意味の成句。「obra（仕事、作業）に mano（手）をつける」、つまり「着手する」ことを表す。

② **escanear :** スキャンする。「スキャナー」は escáner. ちなみに「プリンター」は impresora、「印刷する」は imprimir と言う。
 factura : 請求書；送り状、インボイス。
 contestar (a ...) : （〜に）返事をする。前置詞 a は省略しても OK。
 correo electrónico : E メール。英語起源の e-mail（「イーメイル」と発音）もよく使う。

③ **funcionar :** （機械などが）動く、機能する、作動する。
 fotocopiadora : コピー機。「コピーを取る」は fotocopiar と言う。►Necesito fotocopiar este documento. (この書類のコピーを取る必要がある。)
 atascado : 詰まっている、動きがとれない。atascar（詰まらせる）の過去分詞形。

職場やクラスで

4
Ah, que no se me olvide enviar ese catálogo por mensajería urgente.

そうだ、あのカタログ、宅配便で送るの忘れないようにしなきゃ。

5
¿Que no han recibido el fax? ¡Qué extraño!, si tengo el comprobante del envío.

ファックス、受け取ってない？ 送信記録があるのに、変だな。

6
Han pospuesto la reunión para mañana. Uf, ¡qué alivio!

会議が明日に延期された。ふう、助かった。

---

4 **que＋接続法**：〜させろ、〜するようにしろ。間接命令を表す。
olvidársele (a＋人)：(人は)〜をうっかり忘れる。物事が主語、人が間接目的語となる。
mensajería urgente：宅配便。mensajería は mensaje (メッセージ) からの派生語。英語からの借用語 courier もよく使われる。

5 **¿Que ... ?**：〜だって？、〜と言うのか？ 驚きや反問を表す。
extraño：奇妙な、変な、不思議な。
si ...：〜なのに、〜だよ。強調を表す。
comprobante：証明書。comprobante de pago [compra] で「支払い[購入]証明」、つまり「レシート、領収書」の意味。動詞形は comprobar (証明する；確かめる)。
envío：送ること、送付；郵便物。enviar (送る) の名詞形。

6 **posponer**：延期する。「(予定を) 早める」は adelantar. ▶Quiero adelantar la salida un día. (出発を1日繰り上げたい。)
alivio：体や心の苦痛の軽減、安堵。動詞形は aliviar (楽にする、苦痛を除く)。

Capítulo 3
En el trabajo y en clase

7 **¡Qué metedura de pata! Envié este mensaje a un destinatario equivocado.**

やばい！ このメール、宛先間違えて送っちゃった！

---

8 **Este dato es erróneo. Es raro que ella cometa un error tan básico.**

このデータ間違ってる。こんな初歩的なエラー、彼女には珍しいな。

---

9 **Perdone, sí que adjunté el presupuesto a mi último mensaje.**

失礼ですが、見積書はこの前のメールに添付して確かにお送りしました。

---

7 **metedura de pata**：失言、不適切な行い。主に口語で使われる。対応する動詞表現は meter la pata（直訳は「足を入れる」）。 ▶Carlos metió la pata y la hizo enfadar.（カルロスは失言して彼女を怒らせた。）
destinatario：宛先、受取人。「差出人、発送人」は remitente.

8 **erróneo**：間違った、誤った。
ser raro +〈不定詞・que +接続法〉：〜は妙だ、珍しい。
cometer un error：誤る、間違える、ミスをする。「誤って」は por error. ▶Te lo envié por error.（間違って君にそれを送っちゃった。）

9 **sí que ...**：確かに、もちろん、間違いなく。強調を表す。
adjuntar：添付する、同封する。「添付・同封書類」は documento adjunto と言う。
presupuesto：予算、見積もり。hacer un presupuesto で「予算を立てる」。
mensaje：メッセージ。ここでは、mensaje de correo electrónico（または mensaje electrónico）つまり「Eメールメッセージ」の意味。

職場やクラスで

10
Atender a llamadas de reclamación resulta muy estresante.

クレーム電話の対応って、本当にストレスがたまるなあ。

11
Luego llamaré por teléfono a aquel cliente para concertar una cita.

あとで例の顧客に電話して、アポ取っておこう。

12
Una buena preparación es el primer paso para una negociación exitosa.

万全な準備こそ、商談成功への第一歩だ。

---

10 llamada： 通話（llamada telefónica）。hacer una llamada で「電話をかける」、atender (a) una llamada で「電話に出る」。
reclamación： 要求、抗議、苦情。動詞形は reclamar（抗議する；〜を要求する）。
resultar＋〈形容詞・副詞〉： 〜である、〜に見える、〜と思われる。
estresante： ストレスを与える、ストレスがたまる。名詞形は estrés（ストレス）。

11 cliente： 顧客。comprador は「買い手」、vendedor は「売り手」、proveedor は「納入業者」。
concertar (una) cita： 会う約束をする。「約束がある」は tener (una) cita,「(医者などに) 予約を申し込む」は pedir (una) cita con ... と言う。▶Me gustaría pedir cita con el doctor Gómez.（ゴメス先生で予約をお願いしたいのですが。）

12 paso： 歩（ほ）、一歩；歩調。paso a paso は「一歩一歩、徐々に」、a grandes pasos は「大きな歩幅で、急いで；急速に」。
negociación： 交渉、商談。
exitoso： 成功した、うまくいく。éxito（成功）の形容詞形。

Capítulo 3
En el trabajo y en clase

13 En vez de salir a comer, pediré que me traigan unos sándwiches.

ランチ食べに行く代わりに、サンドイッチでも買ってきてもらおう。

14 ¿Por qué me llaman para ir a comer fuera solo cuando traigo comida de casa?

お弁当持ってきた日に限って、ランチに誘われるのはなぜ？

15 Qué sueño... Deberían prohibir poner reuniones a primera hora de la tarde.

眠い…。午後一の会議は禁止すべきだよ。

---

13 **en vez de ...:** 〜の代わりに。
salir a＋不定詞: 〜しに出かける。
pedir que＋接続法: 〜することを頼む、お願いする。
sándwich: サンドイッチ。スペインでは、主に食パンタイプで作ったものを指し、フランスパンに似た形のスペインの伝統的なパンで作ったものは bocadillo と呼ばれる。

14 **comer fuera:** 外食する。
solo cuando ...: 〜する・したときだけ。〈＋直説法〉ですでに実現したことや習慣を表し、〈＋接続法〉で未実現のことを表す。▶Úsalo solo cuando lo necesites de verdad.（本当に必要とするときだけ、それを使いなさい。）
traer comida de casa: 家から食べ物を持ってくる、弁当を持参する。

15 **prohibir＋不定詞:** 〜するのを禁止する。prohibir のあとに名詞、または〈que＋接続法〉を用いてもよい。▶prohibir la entrada（立ち入りを禁止する）▶La ley prohibe que los menores consuman bebidas alcohólicas.（未成年者がアルコール飲料を消費することは法律で禁じられている。）

職場やクラスで

16 La semana que viene tenemos varias comidas de negocios casi seguidas.

来週は、ほぼ立て続けにビジネスランチの予定が入ってる。

17 Cenar con los clientes me destroza el estómago. Siempre se bebe demasiado.

クライアントとの夕食は胃にひびく。飲みすぎ、避けられないし。

18 El jefe me ha encargado una presentación en español. Ya me estoy poniendo nervioso.

上司にスペイン語のプレゼンを任された。今から緊張するなあ。

---

16 **casi**: ほとんど、ほぼ。
seguido: (時間的または空間的に) 連続した、つながった。▶He caminado diez horas seguidas. (10時間ぶっ続けで歩いた。)

17 **destrozar**: 壊す、痛めつける;精神的に打ちのめす。▶El repentino despido la destrozó. (突然の解雇に彼女はショックを受けた。)
estómago: 胃。「お腹 (全体)」は barriga。▶dolor de estómago [barriga] (胃[腹]痛)
Se bebe demasiado.: 人は (一般に) 飲みすぎる。動詞の三人称単数形と再帰代名詞 se を組み合わせた不定主語文。不定主語文は、特定の主語を示さずに、一般化して述べるのに用いる。▶En este pueblo se vive muy bien. (この村では人々は一般にいい暮らしをしている。)

18 **encargarle (a+人)**: (人に) (仕事などを) 任せる、委ねる。
presentación: プレゼンテーション、発表。「紹介;体裁;提示」などの意味もある。▶Es necesaria la presentación del pasaporte. (パスポートの提示が必要だ。)
nervioso: 緊張した、気持ちが落ち着かない。ponerse nervioso で「緊張する」。

Capítulo 3
En el trabajo y en clase

19 **Me han nombrado director de sucursal. Es un ascenso totalmente inesperado.**

支店長に任命された。想像もしなかった昇進だ。

20 **Mi promoción depende del éxito de este producto.**

私の昇進は、この商品の成功にかかっている。

21 **Estoy harta de esta oficina. Voy a pedir el traslado digan lo que digan.**

この職場には、うんざり。何と言われようが、異動願い出そう。

---

19 **nombrar a+人+名詞：**（人を）～に任命する、指名する。
   sucursal： 支店、支部、支局。director de sucursal は「支店長」。
   ascenso： 昇進。同義語として promoción もよく用いられる。

20 **depender de ...：** ～次第だ、～による。▶Depende de ti.（それは君次第だ。）
   éxito： 成功；ヒット(作)。反対は fracaso（失敗）。▶tener éxito en el examen（試験に合格する）▶tener éxito con las mujeres [los hombres]（女性[男性]にもてる）

21 **harto de ...：** ～に飽きた、うんざりした。'harto de+不定詞'、あるいは 'harto de que+接続法' でも OK。▶estar harto de esperar（待ち飽きている）▶Estamos hartos de que llegues siempre tarde.（僕らは、君がいつも遅刻するのに、うんざりしている。）
   traslado： 人事異動；移転、引っ越し；移動。
   digan lo que digan： '接続法+lo que+接続法（左と同じ形の繰り返し）' で、「(いかに・何を)～しようとも」の意。digan は decir（言う）の接続法現在の三人称複数形なので、「(彼らが) 何を、どんなに言おうが」という解釈になる。

職場やクラスで

22 Ojalá que me asignen al nuevo. Se aprende mucho enseñando.

今度の新人、任せてもらいたいなあ。教えることで学ぶことは多いよ。

23 Va siendo hora de que ordene estas tarjetas de visita. Ya puestos, ordenaré los cajones.

名刺、そろそろ整理しないと。いやこの際、引き出し整理といくか。

24 Tengo que solicitar la liquidación de mi viaje a Nueva York.

ニューヨーク出張の精算、申請しなきゃ。

---

22 **asignarle (a+人)**：（人に）～を割り当てる、指定する。例文では、me が le (a+人) に相当。また、直接目的語が人なので、前置詞 a が付いて al nuevo となっている。 ▶ Me han asignado una habitación doble.（私は二人部屋を割り当てられた。）
nuevo：新人、新入生。形容詞 nuevo（新しい、新入りの）が名詞化した単語。

23 **ir siendo ...**：～になる、なりつつある。
hora de +〈不定詞・que +接続法〉：～するとき、～する時間。
ordenar：整理する、整頓する。
tarjeta de visita：名刺。
ya puestos：どうせやるなら、やるからには。
cajón：（机・たんすなどの）引き出し。

24 **solicitar**：申請する、申し込む。「申し込み、申請書」は solicitud と言う。
liquidación：精算、清算、決済。「在庫一掃、バーゲンセール」の意味もある。 ▶ Mi tienda favorita está de liquidación.（お気に入りの店がバーゲン中だ。）

Capítulo 3
En el trabajo y en clase

25 **Esta reunión se está alargando más de lo previsto por falta de consenso.**

みんなの意見がまとまらなくて、会議が予定より長引いてる。

26 **Si sigo trabajando a este ritmo, llegaré a tiempo a la clase de flamenco.**

仕事がこの調子で行けば、フラメンコのクラスに間に合いそう。

27 **No es justo que siempre me toque hacer horas extras.**

僕ばっかり残業って、ひどくない？

---

25 **alargarse**： 長くなる、長引く。時間的・空間的両方の意味で用いる。「延長する、長くする」は alargar. ▶Quiero alargar esta falda.（このスカート、もっと丈を長くしたい。）
previsto： 予測された。prever（予想する）の過去分詞形。なお、'lo＋過去分詞' で「～したこと、～されたこと」の意味。▶¿Sabe usted la hora de llegada prevista?（到着予定時間をご存知ですか？）
por falta de ...： ～がないため。▶Suspendieron las obras por falta de presupuesto.（予算不足で工事が中止された。）
consenso： 合意、同意、意見の一致。

26 **seguir＋現在分詞**： ～し続ける。
ritmo： リズム、ペース。▶a buen ritmo（好ペースで）▶acelerar [bajar] el ritmo（ペースを上げる[下げる]）

27 **ser justo que＋接続法**： ～は正しい、公正だ。主に否定形で用いられる。
tocarle（a＋人）＋不定詞： （人に）～する番が回ってくる、（人が）～するときである。
horas extras： 残業。

職場やクラスで

28
Me temo que hoy seré el último en salir de la oficina.
今日は、オフィス出るの最後になりそうだな。

29
Estoy exhausta tras una dura jornada de visitas comerciales.
一日中外回りで、もうくたくた。

30
Ahora que me estaba yendo, me para la jefa. ¿Qué será?
もう帰るとこだったのに、上司に呼び止められるなんて。何だろう？

---

28 **temerse que ...：**〈＋直説法〉で「～であると思う、～であることを残念に思う」の意味。〈＋接続法〉で「～ではないかと恐れる」の意を表す。
el último en＋不定詞：～する最後 (の人)。主語が女性の場合は、la última とする。反意表現は、'el primero [la primera] en＋不定詞' (～する最初 (の人))。▶María fue la primera en llegar. (最初に着いたのはマリアだった。)

29 **exhausto：**疲れきった、衰弱した。
jornada：（労働やその他の活動のサイクルとしての）一日。
visita：訪問、見学、見物。visita comercial で「営業訪問」。visita はほかに、「訪問者」の意味でも使われる。▶Esta tarde vendrán unas visitas. (今日の午後は二、三来客がある。)

30 **ahora que ...：**今ちょうど～したところなのに；今～なので。▶Ahora que estoy contigo, soy feliz. (あなたと一緒で、今、私幸せ。)
parar：止まる；止める。
¿Qué será?：何だろう？ 未来形 será が推量の意味を表している。

Capítulo 3
En el trabajo y en clase

31 **Mi jefe no para nunca. Espero que no enferme por exceso de trabajo.**

うちのボス、四六時中忙しくしてる。過労で倒れたりしませんように。

32 **Vaya bronca le acaba de echar el director comercial al nuevo ayudante.**

新人のアシスタント君、営業部長にすごいお目玉食らってたなあ。

33 **¡Ojalá me aumenten el sueldo! Con lo que me pagan ahora, no puedo ahorrar nada.**

給料、もっと上がればいいのに。今のままじゃ、ちっとも貯金できないし。

---

31 **no parar (nunca)**：直訳は「(決して) 止まらない」。休みなく働き続ける様子や、落ち着きなく動き回る様子を表す。
esperar que＋接続法：～であればよいと思う、～と期待する。
enfermar：病気にかかる。
exceso de ...：～の過多、過剰。▶exceso de velocidad（スピードオーバー）

32 **vaya＋名詞**：「なんたる～、すごい～」という感嘆表現。▶¡Vaya casa!（すごい家！）
bronca：けんか、騒ぎ；(主にスペインで) 叱責；(南米で) 怒り、不機嫌。'echarle (a＋人) una bronca' で「(人を) こっぴどく叱る」。
acabar de＋不定詞：～したばかりである。

33 **aumentar**：増やす、大きくする。
sueldo：給料。
ahorrar：貯める；節約する。名詞形 ahorro は「(主に複数形で) 貯金；節約」。▶No tengo ahorros suficientes para comprar una casa.（家を買うほどの貯金はない。）

職場やクラスで

34 Me han admitido en la universidad que quería. Ha merecido la pena esforzarme.

頑張ったかいがあって、志望の大学に入れた。

35 ¿Podré compaginar mis estudios con un trabajo por horas?

学業とバイト、両立できるかな。

36 Este profesor es huraño con los alumnos, pero sus clases son excelentes.

この先生、学生に無愛想だけど、講義がすばらしい。

---

34 **admitir：**（場所や組織に）入ることを許可する。名詞形は admisión（入場［入学、入会］許可、合格、採用）。
merecer la pena＋〈不定詞・que＋接続法〉： ～する価値がある、かいがある。penaは、ここでは「苦労、困難」の意。'valer la pena＋〈不定詞・que＋接続法〉' も同じ意味。▶ No vale la pena preocuparse.（心配しても仕方ない。）
esforzarse： 努力する、頑張る。「努力」は esfuerzo.

35 **compaginar：** 両立させる；調整する、調和させる。
estudios： 学業。▶ estudios universitarios（大学教育）▶ estudios de posgrado（大学院の修士・博士課程）
trabajo por horas： アルバイト、パートタイムの仕事。

36 **huraño：** 無愛想な、非社交的な。
clase： 授業、講義。ほかに、aula（教室）、curso（コース、課程；学年、年度）なども覚えておこう。

Capítulo 3
En el trabajo y en clase

(37) **Esta profesora habla tan rápido que me cuesta entenderle.**

この先生は、早口で聞き取りにくい。

(38) **Pasado mañana tengo el examen de Economía… ¡y todavía no he empezado a estudiar!**

あさっては経済学の試験だ…。なのに、まだ勉強に手をつけてない。

(39) **Hoy me encerraré en la biblioteca para repasar los apuntes de esta asignatura.**

今日は図書館にこもって、この科目の講義ノートの復習をしよう。

---

(37) **tan+〈形容詞・副詞〉+que …**: あまりに〜なので〜だ。
costarle (a+人)+不定詞: （人にとって）〜するのが負担である、難しい。
entender: 理解する、わかる。「（人の）言っていることがわかる、聞き取れる」という場合は、話の内容が直接目的語に当たるので、人は間接目的語（ここでは le）で示す。一方、「人の行動・態度・考えが理解できる」という場合は、人が直接目的語となる。▶ No la entiendo.（私は彼女の態度[行動]が理解できない。）

(38) **examen**: 試験。複数形では a にアクセント記号を付けて exámenes とする。▶ preparar un examen（テスト勉強をする）▶ hacer [presentarse a] un examen（試験を受ける）
empezar a+不定詞: 〜し始める。

(39) **encerrarse**: 閉じこもる、立てこもる。
repasar: 復習する、見直す。「復習」は repaso と言う。
apunte: メモ、書き込み。複数形 apuntes で「（学生の）講義ノート」の意味。
asignatura: 科目、教科。▶ tomar tres asignaturas（3科目とる）

職場やクラスで

40 No hay nada peor que coincidan las fechas de entrega de varios trabajos.

課題の提出期限がいくつも重なるのって、最低！

41 Las preguntas del examen eran muy complicadas, pero espero aprobar.

試験、問題はすごく難しかったけど、受かるとは思う。

42 Me falta confianza al escribir. Necesito aumentar mi vocabulario.

作文って苦手。もっと語彙力をつけないと。

---

40 **no haber nada peor que**＋〈名詞・不定詞・接続法〉：（三人称単数形で）〜より悪いことは存在しない、〜は最悪・最低だ。▶ No hay nada peor que un estúpido con poder.（権力を持った愚か者ほど悪いものはない。）
　coincidir：居合わせる、同時に起こる。▶ Ayer coincidí con Carmen en el médico.（昨日、病院でカルメンに会った。）
　entrega：渡すこと、提出。fecha de entrega で「提出期日」。動詞形は entregar（渡す、提出する）。

41 **esperar**＋不定詞：〜と期待する、思う。
　aprobar：（試験に）合格する、受かる。「（試験に）落ちる、（単位を）落とす」は suspender。▶ Suspendí el examen de conducir.（運転免許の試験に落ちた。）

42 **faltarle (a＋人)**：（人に）〜が欠けている、足りない。ここでは、'faltarle (a＋人) confianza' で「自信がない、苦手である」。
　confianza：自信；信頼、信用。動詞形は confiar（信頼する、信じる）。
　necesitar＋〈不定詞・que＋接続法〉：〜する必要がある。

Capítulo 3
En el trabajo y en clase

43 **Me gustaría ir a estudiar al extranjero el año que viene.**

できれば来年留学したい。

44 **Debería mejorar mis notas si quiero mantener la beca.**

奨学金継続のためには、もっといい成績取らなきゃ。

45 **Este verano quiero ir unas semanas a realizar actividades de voluntariado.**

この夏は、何週間かボランティア活動に参加したい。

---

43 **ir a estudiar al extranjero**： 留学目的で外国に行く。「行く」という行為に重点を置いた表現。移動の意味を含まない言い方は estudiar en el extranjero（外国で勉強する）。

44 **mejorar**： 改善する、よりよくする・なる。反対は empeorar（悪くする・なる）。▶ Los comentarios de Pedro empeoraron la situación.（ペドロの発言が状況を悪化させた。）
  nota： 成績。「いい［悪い］成績を取る」は sacar buenas [malas] notas.
  mantener： 継続する、持続する。
  beca： 奨学金。「奨学生」は becario と言う。

45 **voluntariado**： ボランティア。actividades de voluntariado で「ボランティア活動」。

職場やクラスで

(46) Hoy no podré ver a mi novia porque tengo entrenamiento con mis compañeros del club de tenis.

今日はテニスサークルの練習があるから、彼女と会うのは無理か。

(47) Si no logro graduarme en marzo, no podré ocupar el puesto que me ofrece la empresa A.

3月に卒業できなかったら、A社の内定が取り消されちゃう。

(48) Me gustaría dejar la residencia y vivir en un apartamento.

寮を出て、アパート暮らしをしてみたいな。

---

(46) entrenamiento： 練習、トレーニング。「トレーニングする」は entrenar(se). ▶(Me) entreno dos horas diarias. (1日2時間トレーニングする。)
club de tenis： テニスクラブ、テニスサークル。

(47) lograr＋不定詞： ～し遂げる、～に成功する。
graduarse： 卒業する、修了する。「卒業、修了」は graduación.
ocupar un puesto： 職・地位につく。conseguir un puesto は「職・地位を得る」。
ofrecer： 提供する、差し出す。

(48) residencia： 寮、学生寮。「学生寮」は colegio mayor とも言う。
apartamento： アパート。関連表現に、piso（アパート、マンション）、estudio（ワンルームマンション）、departamento（アパート）、apartamento turístico（旅行者用アパート）などがある。

Diario 5

Soñando con las vacaciones

¡Por fin, viernes! Ha sido una semana agotadora. Me siento realmente cansada porque últimamente hago muchas horas extras. Además, el volumen de trabajo no me permite descansar al mediodía como es debido. Pero, bueno, en la recta final de un proyecto tan importante como este, es normal que tengamos que trabajar más de lo habitual. Un poco de paciencia hasta que, el mes que viene, todo vuelva a la normalidad. De todos modos, cuando acabe este jaleo, me gustaría tomar unas vacaciones e ir a bucear a alguna isla tropical, por ejemplo.

休暇が待ち遠しい

やっと金曜日！ ハードな一週間だった。このところ残業のしすぎで、ほんとに疲れる。仕事の量が多すぎて、昼休みの時間もしっかり取れないくらいだし。まあ、これほど大がかりなプロジェクトの詰めともなれば、普段以上に働かなきゃならないのは当然なんだけど。来月になればいつもどおりに戻るから、あともう少しの辛抱だよね。とにかく、落ち着いたら休暇をとって、南の島にダイビングにでも行きたいなあ。

Notas

soñar con ...: 〜を夢見る、空想する；〜の夢を見る。
agotador: (物事が)疲れる、疲労・枯渇させる。動詞形は agotar (疲れさせる)。
sentirse＋〈形容詞・副詞〉**:** (自分自身について)〜だと感じる。▶Me siento cómodo a tu lado. (君のそばにいると気持ちが楽だ。)
permitirle (**a**＋**人**)＋〈**不定詞・que**＋**接続法**〉**:** (人が)〜することを許可する、可能にする。
descansar al mediodía: 昼休みをとる。
como es debido: きちんと、定められたとおりに。debido は動詞 deber に由来し、「適切な、正当な」の意味。
recta final: 最後の直線コース、終盤戦。
ser normal＋〈**不定詞・que**＋**接続法**〉**:** 〜するのは当たり前だ。▶No es normal que llegues tarde todos los días. (君、毎日遅刻してくるなんて普通じゃないよ。)
más de lo habitual: 普段以上に、普通より多く。'lo＋形容詞' で「〜なもの、〜なこと」という意味を表す。▶Este mes he gastado más dinero de lo habitual. (今月は、いつもより多くお金を使った。)
paciencia: 忍耐、辛抱、我慢。
hasta que＋**接続法:** 〜するまで(は)。
de todos modos: いずれにせよ、とにかく。▶De todos modos, tendremos que esperar unos días. (いずれにせよ、2, 3日待たなければならない。)
cuando＋**接続法:** 〜のときに。未来のことを表す場合は接続法を用いる。
jaleo: 騒動、混乱、もめごと、厄介なこと。
bucear: 潜水する、ダイビングをする。

Diario 6

Mi primera presentación en español

Hoy tuve que realizar una presentación en la clase de español. Me puse muy nervioso al principio, cuando salí delante de la clase. Pero, una vez empezado, logré concentrarme y hablar con bastante naturalidad. Estoy satisfecho porque la profesora me dijo que mi exposición estuvo bien estructurada. Al escuchar ese comentario, todo el tiempo y esfuerzo invertido se vio recompensado. Pero sé que todavía tengo que mejorar mucho la pronunciación. Seguiré practicando para poder hablar en español con tanta seguridad y fluidez como mi amigo Makoto.

初めてのスペイン語でのプレゼン

今日は、スペイン語のクラスでプレゼンテーションをしなければならなかった。クラスのみんなの前に立ったら、最初はとても緊張した。でも、いったん始めてしまったら、集中して、かなり自然に話すことができた。先生から、話の構成がきちんとしていたと言われたので嬉しい。このコメントを聞いて、準備にかけた時間や努力が報われた気がした。だけど、まだまだ発音を改善しなければならないことも自覚してる。友だちのマコトと同じくらい堂々と流暢なスペイン語を話せるようになるためにも、練習を続けなきゃ。

Notas

presentación: プレゼンテーション、発表。「プレゼンテーションをする」は dar [hacer / realizar] una presentación と言う。

al principio: 最初は、初めに。

una vez＋過去分詞: いったん〜したら、〜してから。 ▶Una vez leído, el mensaje deberá ser borrado. (このメッセージは、読んだら消去すること。)

lograr＋不定詞: 〜し遂げる、〜に成功する。

concentrarse: 集中する。反意語として「気が散る；気を紛らす」という意味の distraerse がある。 ▶Mi hijo se distrae con facilidad. (うちの息子は気が散りやすい。)

naturalidad: 自然さ。con naturalidad で「自然に、自然な様子で」。

satisfecho: 満足した。「〜に満足した」と言う場合は、前置詞 de または con を用いる。

exposición: 説明、解説。

estructurar: 構成する、組み立てる。estructurado は過去分詞形。また、名詞形は estructura (構成、構造)。

al＋不定詞: 〜のとき、〜したとき。

comentario: コメント；意見、論評；解説。動詞形は comentar. ▶No voy a comentar sus opiniones. (彼の意見にコメントするつもりはない。)

esfuerzo: 努力、骨折り。動詞形は esforzarse (努力する)。

invertir: つぎ込む、投資する。invertido は過去分詞形。

verse＋〈形容詞・副詞〉: 〜に見える、〜である。▶Con esta iluminación el salón se ve muy bonito. (この照明でサロンがきれいに見える。)

recompensar: 報いる。recompensado は過去分詞形。

seguir＋現在分詞: 〜し続ける。

seguridad: 確信、自信。 ▶Mi prima tiene mucha seguridad en sí misma. (私の従姉妹はかなりの自信家だ。)

fluidez: 流暢さ。形容詞形は fluido (流暢な、なめらかな)。

Apuntes varios

El fin de las siestas de entre semana
さらば、平日のお昼寝

　スペインに来た外国人がまず驚かされるのが、その時間割 (horario) です。お昼ごはんを2時、3時に食べ始める、2時から5時までは昼休み (descanso de mediodía) で商店街のシャッターが閉まってしまう。夕食の待ち合わせなどでは、9時半集合、食べ始めるのは (運がよければ) 10時過ぎというパターンも決して珍しくはありません。

　この「スペイン時間」、当然ながら一日の労働時間 (jornada laboral) の配分にも様々な影響を与えています。「分割労働時間制」とでも言いましょうか、jornada partida (直訳は「分かれた労働時間」) というシステムの存在が、その最も顕著な例でしょう。これは長い昼休みを挟んで、労働時間を午前と午後に分割するもの。平均的な例では休憩2時間、時には3時間という職場もあります。昼休みが長い分、終業時間も遅くなり、近年では家庭生活と仕事との両立 (conciliación de la vida familiar y laboral) への悪影響が指摘されています。

　また、外国とのビジネスにも深刻な弊害をもたらしており、多国籍企業 (empresas multinacionales) などを中心に、昼休みを1時間以内に抑えた「普通の」時間割 (jornada continua；直訳は「連続労働時間」) を採用する会社が増えてきました。平日にお昼寝 (siesta) する人も少なくなったスペイン。より「効率的な」時間割へと移行しつつあるようです。

Capítulo 4
Después del trabajo

アフターファイブ

友だちや同僚と飲みに行ったり、恋人とデートをしたり、
ナイトライフを楽しむときの表現を学びましょう。
習い事関連の例文もぜひ参考に！

Capítulo 4
Después del trabajo

1 He quedado con mi novia para este viernes. Buscaré un restaurante con buen ambiente en internet.

金曜は彼女とデートだ。ネットで雰囲気のいいレストランを探そう。

2 Hoy es mi cumpleaños, así que os invito a una cerveza cuando salgamos del trabajo.

今日は僕の誕生日だから、仕事のあと、みんなにビールでもごちそうするよ。

3 ¿Por qué no vamos a tomar unas tapas a ese nuevo bar español?

あの新しいスペインバルで、タパスなんてどうかな？

---

1 **quedar (con ...)**：(〜と) 待ち合わせする、会う約束をする。
ambiente：環境；雰囲気。▶ambiente familiar (家庭環境；家庭的雰囲気)
internet：インターネット。 Internet と語頭が大文字で書かれることも多い。 buscar en internet で「ネットで探す」。

2 **cumpleaños**：誕生日。「記念日」は aniversario. ▶aniversario de boda (結婚記念日)
así que ...：だから〜、それで〜。結論・結果を示す。
invitar a ...：〜に誘う、〜をおごる。▶Quiero invitarte a una cena. (君を夕食に招待したい。) ▶Hoy invito yo. (今日は私がおごるよ。) なお、スペインでは、誕生日を祝ってもらう当人が飲食費を受け持つ習慣がある。
cuando＋接続法：〜のときに。未来のことを表す場合は接続法を用いる。

3 **¿Por qué no ... ?**：〜しませんか、〜したらどうですか？ ▶¿Por qué no vienes conmigo? (一緒に来ない？)
tapa：酒のつまみ、小皿で出される前菜。tapas (タパス) はこの複数形。

アフターファイブ

④
Todavía falta bastante para la cita. Pasaré por una librería para matar el tiempo.

待ち合わせまで、まだかなりある。暇つぶしに本屋に寄ろう。

⑤
Ya llevo veinte minutos esperando. Además, no me contesta al mensaje. ¡Qué extraño!

もう 20 分も待った。それに、メールにも返事が来ないし、変だな。

⑥
Ha vuelto a cancelar una cita en el último momento. ¡Se acabó!

またドタキャンされちゃった。もう知らない！

---

④ **faltar＋数量表現＋para＋〈名詞・不定詞・que＋接続法〉**：〜まで（時間・距離）が残っている。 ▶Faltan dos semanas para las vacaciones.（休暇まであと 2 週間だ。）
matar el tiempo：時間をつぶす、暇つぶしをする。直訳は「時間を殺す」。

⑤ **llevar＋時間表現＋現在分詞**：（特定の時間）の間〜している。 ▶Mi hermano lleva un mes buscando trabajo.（兄は 1 か月間仕事を探している。）
contestar（a ...）：（〜に）返事をする。前置詞 a は省略しても OK。
extraño：変な、奇妙な。raro（変な、不思議な）も同様の意味。

⑥ **cancelar**：取り消す、キャンセルする。 ▶Se han cancelado varios vuelos por baja visibilidad.（視界不良のため、フライトが何便もキャンセルされた。）
¡Se acabó!：もうおしまいだ、もうたくさんだ。acabarse（すっかり終わる）の点過去形。

Capítulo 4
Después del trabajo

(7) Se nota que este restaurante es muy popular; ya está prácticamente lleno.

さすが人気の店だけあって、もうほとんど満席だ。

(8) Menos mal que había reservado con bastante antelación.

早めに予約しておいてよかった。

(9) Siempre hay cola para entrar en este restaurante italiano. Pero vale la pena.

このイタリアン、いつも行列ができてる。でも、待つ価値あるよね。

---

(7) **notarse que＋直説法：**（三人称単数形で）〜と見てとれる、感じとれる。 ▶Se nota que has estudiado mucho.（たくさん勉強した成果が見てとれるよ。）
prácticamente： 実質上、ほとんど。
lleno： いっぱいの、満員の。「満腹の」という意味もある。動詞形は llenar（満たす）。

(8) **menos mal que＋直説法：** 〜でまあよかった、まだましだ。
reservar： 予約する。▶Quisiera reservar una habitación doble.（二人部屋の予約をしたいのですが。）「予約」は reserva と言う。 ▶¿Tiene reserva?（予約されていますか？）
con antelación： 前もって。con anterioridad も同じ意味。

(9) **cola：**（待ち並ぶ人や車などの）列、行列。「列を作る」は hacer cola,「列につく」は ponerse a la cola.
valer la pena： 〜する価値がある、かいがある（⇒ p. 55）。

アフターファイブ

10. Sírvanos primero una cerveza fresquita.
(店員に) とりあえず、よく冷えたビールをお願いします。

11. ¡Brindemos por el gran éxito del proyecto!
企画大成功を祝して、乾杯しよう！

12. Esta noche vamos a divertirnos porque nos lo hemos ganado.
頑張ったご褒美に、今夜はみんなで思いっきり楽しむぞ。

---

10 **servir**：給仕する、(食事などを) 出す。sírvanos は、usted に対する命令形 sirva に、間接目的語 nos (私たちに) が付いた形。
primero：最初に、まず初めに。この意味では副詞なので、形容詞の primero (1番目の、第1の) と異なり、性数の変化はない。
fresquito：形容詞 fresco (冷たい) に縮小辞が付いた形。縮小辞は「小さい、少し」などの意味を表すが、文脈によって親しみ、軽蔑など様々なニュアンスを加える。ここでは「(おいしそうに) よく冷えた」といった解釈になる。

11 **brindar**：乾杯する、祝杯をあげる。brindemos は nosotros に対する命令文。このように、一人称複数に対する命令には、接続法現在形が用いられる (三人称単複でも同様)。
éxito：成功。「失敗」は fracaso.

12 **divertirse**：楽しむ。disfrutar (楽しむ)、pasarlo bien (楽しく過ごす) なども同義。
ganarse：稼ぐ；(賞や褒美を) 勝ち取る。

Capítulo 4
Después del trabajo

13 No sé qué pedir... ¡Me apetecería probar todo lo que hay en la carta!

何注文しようかなあ。メニューにあるもの全部、食べてみたい！

14 ¿Qué vino iría bien con este plato? ¿Alguna sugerencia?

どんなワインがこの料理に合いますか？ おすすめはありますか？

15 Esos dos están un poco desmadrados. ¿Ya están borrachos?

あの二人、ちょっと、はめ外しすぎ。すでに酔っ払ってる？

---

13 (**no saber**) **qué＋不定詞**：何を〜したらいいか（わからない）。qué との組み合わせに限らず、一般に '疑問詞＋不定詞' は、「〜してよいか、〜すべきか」という意味がある。▶Sé cuál elegir.（どれを選ぶべきかわかっている。）▶¿Sabes cómo abrir esta puerta?（このドア、どうやって開けるか知ってる？）
　apetecerle (a＋人)＋不定詞：（人が）〜したい気分になる、〜したい気がする。
　probar：試す；試食する、味見する。「試着する」の意味でも用いるが、その場合は再帰代名詞を伴う。▶¿Puedo probarme este vestido?（このワンピース、試着できますか？）

14 **ir bien con ...**：〜と調和する、合う。bien なしの形でも用いられる。▶Estos zapatos no van con este traje.（この靴はこのスーツに合わない。）
　sugerencia：提案、すすめ。動詞形は sugerir（提案する）。

15 **desmadrado**：はめを外した、度を越した。「はめを外す」は desmadrarse.
　borracho：（酒に）酔った。名詞として、「酔っ払い」の意味でも使われる。「（酒に）酔う」を意味する動詞は emborracharse.

アフターファイブ

16 Esto no es lo que había pedido. Voy a pedir que me lo cambien.

これ、注文したものと違う。替えてもらおう。

17 ¿Cómo iba a saber yo que a ella no le gustaba el pescado crudo? ¡Qué desastre!

彼女が生魚が苦手なんて、夢にも思わなかった。大失敗！

18 En este bar la música de fondo está tan alta que me pone nervioso.

このバー、BGM の音が大きすぎて落ち着かない。

---

16 pedir：ここでは、「注文する」と「(〜するよう) 頼む、求める」の 2 通りの意味で用いられている。なお、後者の場合は 'pedir que＋接続法' となる。

17 ¿Cómo ... ?：どうして〜ことがあろうか？ cómo の反語的用法。▶ ¿Cómo has podido traicionarme?（よくもまあ、私を裏切ることができたよね。）
crudo：生の、加熱調理していない。pescado crudo は「生魚、刺身」の意味。
desastre：大災害；ひどいこと、大失敗、さんざんな結果。

18 música de fondo：バックグラウンドミュージック、BGM。fondo には、「背景、バック；地(じ)」の意味がある。▶ un vestido de lunares rojos sobre fondo negro（黒地に赤い水玉模様のドレス）
tan＋〈形容詞・副詞〉＋que ...：あまりに〜なので〜だ。
poner＋〈形容詞・副詞〉：(人を)〜の状態にする。poner nervioso は「いらいらさせる、緊張させる」。再帰形 ponerse nervioso で「いらいら・そわそわする、緊張する」。
▶ Cuando hablo en público, me pongo nerviosa.（私は人前で話すとき、緊張する。）

Capítulo 4
Después del trabajo

19 **Ha sido un acierto elegir el menú del chef.**

シェフのおすすめメニュー、選んで大正解だった。

20 **No importa lo lleno que esté mi estómago, siempre tengo hueco para el postre.**

どんなにお腹いっぱいでも、デザートは別腹！

21 **¿Me trae la cuenta, por favor?**

（店員に）お勘定、お願いします。

---

19 **acierto**： 当たり、的中、正解。反意語としては error（間違い、誤り）、desacierto（見当はずれ、へま）などが挙げられる。

menú： メニュー、献立。▶menú del día(本日のセットメニュー、定食) なお、「メニュー表」は carta.

20 **no importar**＋〈名詞・不定詞・que＋接続法〉： 〜は構わない；〜は重要でない。三人称で用いる。

lo＋形容詞＋que ...： 〜であること；どんなに〜であるか。que のあとは、直説法または接続法が来る。▶No importa lo caro que es, te lo compraré.（高くてもいい、それを買ってあげる。）▶No importa lo caro que sea, te lo compraré.（たとえどんなに高かろうが構わない、それを買ってあげる。）

hueco： すきま、空き。「空いた時間、暇」という意味もある。▶Llámame si tienes un hueco para verme.（会う時間ができたら電話してね。）

21 **cuenta**： 会計、勘定。▶ajustar cuentas（(複数の人の間で) 勘定を精算する）

アフターファイブ

22
Déjame pagar esto. Si no quieres, al menos vamos a pagar a medias.

ここは払わせて。だめなら、せめて割り勘にしようよ。

23
Que alguien calcule a cuánto tocamos.

誰か、1人いくらになるか計算して。

24
¡Qué caro! Menos mal que había pasado por un cajero automático antes de venir.

うわ、高い！ 来る前にATMに寄ってよかった。

---

(22) dejarle (a＋人)＋不定詞： （人が）～するのを許す、放っておく。
　al menos： 少なくとも、せめて。
　a medias： 半分ずつ。▶Redacté este trabajo a medias con mi compañero de clase. （このレポートは同級生と半分ずつ書いた。）

(23) que＋接続法： ～させろ、～するようにしろ。間接命令を表す。
　calcular： 計算する。「計算」は cálculo と言う。
　tocar (a＋数量)： （～ずつ）割り当てられる、（～ずつ）分配される。▶Tocamos a dos trozos cada uno. （1人、2切れずつだ。）

(24) menos mal que＋直説法： ～でまあよかった、まだましだ。
　pasar por： ～に寄る、立ち寄る。▶Pasaré por un súper. （スーパーに寄って行こう。）
　cajero automático： 現金自動預け払い機、ATM。

Capítulo 4
Después del trabajo

(25) **Este sitio no hace honor a la fama que tiene. Además, su relación calidad-precio es pésima.**

ここ、評判のわりに大したことないな。コストパフォーマンス最低だし。

---

(26) **Es un restaurante con tres bes: bueno, bonito y barato.**

このレストランは、3bの条件が全て揃ってる。おいしくて (bueno)、おしゃれで (bonito)、しかも安い (barato)。

---

(27) **Todavía nos queda tiempo para tomar otra copa antes del último tren.**

まだ終電まで、もう一杯飲む時間がある。

---

(25) hacer honor a … : (評判・名声など) を裏切らない、〜にふさわしい行動をする。▶Ella hizo honor a su nombre. (彼女のふるまいは、その名に恥じないものだった。)
　fama : 名声、評判。形容詞形は famoso (有名な)。
　relación calidad-precio : 品質と価格の関係。
　pésimo : 最低の、最悪の。malo (悪い) の最上級。反意語は óptimo (最高の、最善の)。

(26) be : アルファベットのbの文字。besはその複数形。tener las tres bes で「3つのbが揃っている、三拍子揃っている」の意。bueno, bonito, barato をこのように略す。

(27) quedarle (a+人) tiempo para … : (人に) 〜する時間が残っている。▶Con tres niños pequeños, no me queda mucho tiempo para estudiar. (小さい子どもが3人いるので、あまり勉強する時間が残らない。)
　copa : グラス。「グラス1杯の酒」の意でも用いられる。例えば ¿Quieres una copa? は、「グラス1ついる？」あるいは「一杯、どう？」という2通りの解釈が可能。

アフターファイブ

28
Esta noche he invitado a unas amigas a cenar en casa. Quiero lucirme con algún plato espectacular.

今夜は友だちを家に夕飯に招待した。何か特別な料理で、あっと言わせたいな。

29
¿Ir a una fiesta entre semana? No sé...; al día siguiente me encuentro demasiado cansado.

平日のパーティー？ どうしよう…次の日がかなりキツイしなあ。

30
Como él es un *gourmet*, no puedo llevarle cualquier cosa.

彼はグルメだから、ありふれたものは手土産にできない。

---

28 lucirse： 大成功する、抜きん出る、目立つ。 ▶Messi se lució en el partido de anoche. (メッシは昨夜の試合で大活躍した。)
espectacular： 壮観な、すごい、華々しい。espectáculo は「ショー、見せ物」の意。

29 entre semana： 平日(に)、ウィークデー。fin de semana (週末) とペアで覚えておくと便利。▶La biblioteca está abierta entre semana hasta las ocho de la tarde. (図書館は平日は午後8時まで開いている。)
encontrarse＋〈形容詞・副詞〉： ～の状態である。▶¿Te encuentras mejor? (気分、よくなった？)

30 *gourmet*： グルメ。スペイン語で「グルメ、美食家」に対応する単語としては gastrónomo があるが、フランス語の *gourmet* も頻繁に用いられている。
cualquiera： 普通の、平凡な；どんな～でも。名詞の前では cualquier となる。cualquier cosa で「ありきたりのもの；何でも」の意。

Capítulo 4
Después del trabajo

(31) **Una vez a la semana doy clases de guitarra con un profesor particular.**

週に１度、ギターの個人レッスンを受けている。

(32) **Dejo todo el estrés que acumulo durante mi jornada laboral en las clases de kárate.**

仕事でたまったストレスは、空手教室で発散する。

(33) **A la salida del trabajo voy a una academia de idiomas para mejorar mi inglés.**

会社帰りに語学学校に通って、英語力向上を目指している。

---

(31) **una vez a la semana**：１週間に１度。このように「～ずつ、～ごとに」と配分を表すには前置詞 a を用いる。▶Corro dos días a la semana.（週に２日走る。）
dar clase：授業・レッスンを受ける。教える側を主語にして「授業を行う、講義する」という意味でも用いられるので要注意。
profesor particular：家庭教師、個人教師。「個人授業」は clase particular と言う。

(32) **estrés**：ストレス。dejar estrés で「ストレスを発散する」、acumular estrés で「ストレスをためる」。
jornada laboral：（一日の）労働時間；（仕事・活動の区切りとしての）一日。
kárate：空手。二音節目に強勢を置く karate という形も用いられる。

(33) **a la salida de ...**：～のあとで、～の帰りに。▶A la salida de clase, fui a ver a una amiga.（放課後、友だちに会いに行った。）
mejorar：よりよくする、改善する。

アフターファイブ

34
Me apunté a clases de baile porque mi mujer se empeñó. Pero ahora estoy encantado.

妻がしつこく誘うので、ダンス教室に行き始めた。でも今では、すっかり夢中だ。

35
Cuando acabe este curso de cocina para hombres, tendré todavía más éxito con las mujeres.

この「男性のための料理教室」を終えたら、ますます女性にもてそうだな。

36
Una buena ducha después del gimnasio, y ¡como nueva!

ジムのあとに思いっきりシャワーを浴びて、すっかり元気回復！

---

34 **apuntarse a ...**： 〜に登録する、参加する。
　empeñarse： 固執する、言い張る。「〜することに固執する」と言う場合は、'empeñarse en＋〈不定詞・que＋接続法〉' とする。 ▶Se empeña en venir con nosotros.（彼は、僕らと一緒に来ると言って聞かない。）
　encantado： 夢中で、魅了された；満足した。

35 **tener éxito con ...**： 〜にもてる、好かれる。 ▶Este programa de televisión tiene mucho éxito con los niños.（このテレビ番組は子どもたちに大人気だ。）
　todavía： （比較級の前で）ますます、いっそう。

36 **gimnasio**： スポーツジム。女性名詞 gimnasia は「体操」を指す。
　como nuevo： 生気を取り戻した、リフレッシュした。 ▶Gracias a la siesta, estoy como nuevo.（シエスタのおかげで、すっかり元気を取り戻した。）

Capítulo 4
Después del trabajo

(37) Pasaré por la biblioteca antes de volver a casa. Tengo que devolver unos libros.

帰宅前に図書館に寄って行こう。返さなきゃいけない本もあるし。

(38) Esta noche voy con unos amigos al estadio de fútbol para apoyar al equipo local.

今夜は友だちとサッカースタジアムに行って、地元チームを応援する予定。

(39) ¡Nos han tocado unos asientos estupendos! Creo que vamos a disfrutar muchísimo.

すごくいい席だ。思う存分楽しめそうだな。

---

(37) **devolver**：返す、戻す、返却する。

(38) **estadio**：スタジアム。▶ estadio olímpico（オリンピックスタジアム）
apoyar：〜を支持する、サポートする、応援する。
equipo：チーム、隊。
local：地方の、その土地の。▶ hora local（現地時間）▶ periódico local（地方紙）

(39) **tocarle**（a＋人）：（人に）当たる。当たる事物が主語になる。▶ Me ha tocado la lotería.（私は宝くじに当たった。）
asiento：席、座席。tomar asiento で「席につく」。
disfrutar：楽しむ。「〜を楽しむ」と言うときは、楽しむものや事柄を前置詞 de または con を用いて示すほか、前置詞なしで直接目的語として示す。▶ Disfruté muchísimo la cena.（ディナーを満喫した。）また、'disfrutar＋現在分詞' で「〜をして楽しむ、〜することを楽しむ」の意。

アフターファイブ

40
El partido ha estado muy reñido hasta el final. De tanto gritar me he quedado afónico.

最後まですごい接戦だったなあ。叫び過ぎて声がかれちゃった。

41
Después del trabajo me gusta pasear sin rumbo fijo por la ciudad.

仕事のあと、街をぶらぶらするのが好きだ。

42
Quiero salir de mi rutina: de casa al trabajo, del trabajo a casa.

家と職場の往復だけの生活から、脱却したい。

---

40 partido： 試合。▶partido amistoso（親善試合） ▶bola de partido（マッチポイント）
reñido：（戦いが）激烈な、接戦の。con を伴い、「〜と不仲の、仲たがいした」という意味でも用いられる。▶Ana está reñida con Laura.（アナはラウラとけんかしている。）
de tanto＋不定詞： あまりにたくさん〜したので。▶De tanto comer, me duele la barriga.（食べ過ぎで、お腹が痛い。）
gritar： 叫ぶ、怒鳴る。
afónico： 声が出ない。ここでは quedarse（〜の状態になる）と共に使われている。

41 rumbo： 方向、進路。sin rumbo (fijo) で「(定まった) 目的もなく、あてもなく」。con rumbo a ... で「〜に向かって」。▶Hoy partimos con rumbo a Granada.（今日、僕たちはグラナダに向かって発つ。）

42 rutina：（行動・思考などの）決まりきった型、固定したパターン、ルーティン。▶seguir la rutina diaria（日常のパターンを崩さない、型どおりの毎日を過ごす）

Diario 7

Clases de baile

Los miércoles toca clase de baile hawaiano. Salgo de la oficina corriendo para dirigirme a Ginza, donde está mi academia. Mover el cuerpo al son de música resulta muy agradable y me ayuda a desconectar. La verdad es que siempre quise aprender a bailar, pero no terminaba de dar el paso. Va siendo medio año desde que empecé y creo que no bailo demasiado mal. Además, estoy algo más delgada gracias al esfuerzo físico. Ir a clases de baile es como matar dos pájaros de un tiro, porque aporta efectos positivos mental y físicamente.

ダンスのレッスン

水曜は、フラダンスのクラスの日。急いで職場を後にし、教室のある銀座へ。音楽に合わせて体を動かすのは、すごく気持ちがいいし、日常のいろいろな心配事を忘れさせてくれる。本当のところ、ずっとダンスを習いたかったけど、なかなか踏み出せないでいたんだよね。習い始めてそろそろ半年になるけど、そんなに下手じゃないと思う。それに、体を動かしているおかげで少しやせたみたい。ダンス教室に通うのって、精神面でも身体的にもポジティブな効果があるから、まさに一石二鳥。

Notas

tocar : 〜の順番が回ってくる、〜のときが来る。▶Hoy toca paella. (今日はパエジャだ。)

hawaiano : ハワイ (Hawái) の。Hawái も hawaiano も、語頭の h は無音でなく、例外的に [h] と発音する。

dirigirse a ... : 〜に向かう、〜を目指す。

al son de ... : 〜の音に合わせて。

resultar＋〈形容詞・副詞〉**:** 〜である、〜に見える、〜と思われる。

agradable : 心地いい、気持ちがいい、楽しい。

ayudar a＋不定詞**:** 〜するのを助ける、手伝う。「(物事を) 手伝う」と言う場合は、前置詞 con を用いる。▶¿Puedes ayudarme con los deberes? (宿題、手伝ってくれる？)

desconectar : 悩みや心配事を忘れる、日常の雑事やルーティンから解放される。本来は「離す、分離する；電源を切る」という意味を持つ。

la verdad es que ... : 実を言うと〜だ。

terminar de＋不定詞**:** 〜し終える、〜してしまう。

dar un paso : 事を起こす、踏み出す、措置を講じる。

ir＋現在分詞**:** (ある状態に) なりつつある、なる、〜しつつある。▶Va oscureciendo. (暗くなりつつある。)

desde que ... : 〜して以来。que のあとは主に直説法が使われる。▶Desde que mi hijo se fue a Madrid, vivo sola. (息子がマドリッドに行ってからは、一人で暮らしている。)

algo ... : 多少〜、やや〜。このように、algo には程度を示す副詞としての用法もある。▶Es algo caro, pero merece la pena. (やや高めですが、その価値はありますよ。)

gracias a ... : 〜のおかげで。

esfuerzo : 努力、頑張り。動詞形は esforzarse (努力する)。

físico : 身体的な；物理的な。副詞形は físicamente (身体的に)。

matar dos pájaros de un tiro : 《諺》一石二鳥だ。直訳は「1回の射撃で2羽の鳥を殺す」。

aportar : 〜をもたらす、与える、提供する。

efecto : 効果、影響。aportar [hacer / tener] efecto(s) で「効果を生じる」。

Diario 8

Mi primera cita con Mina

Hoy he salido por primera vez con Mina. Había reservado mesa en un restaurante tailandés, de ambiente exótico y sofisticado. Como no nos habíamos visto a solas antes, me puse algo nervioso al principio. Pero, al verla tan natural y cercana, me relajé enseguida — creo que también me ayudó la cerveza tailandesa — ; y el tiempo pasó volando. Todo estaba delicioso y parece que a ella le encantó la decoración. Antes de despedirnos, quedamos en ir al cine juntos este fin de semana. ¡Si es un sueño, no quiero despertar!

ミナとの初デート

今日はミナと初めてのデートだった。エキゾチックで洗練された雰囲気のタイ料理レストランに予約を入れておいた。これまで二人きりで会ったことはなかったから、最初は少し緊張した。でも、彼女が自然体で親しく接してくれるのを見て、すぐにリラックスした（タイビールの効果もあったと思うけど）。あっという間に時間が過ぎた。料理は全ておいしかったし、彼女は内装がとても気に入った様子だった。別れる前に、この週末、一緒に映画に行く約束をした。もしこれが夢なら、このまま目を覚ましたくない！

Notas

salir con ... : 〔恋人として・親しく〕付き合う、デートする。
reservar (una) mesa : 〔レストランの〕席を予約する。
tailandés : タイ (Tailandia) の、タイ王国 (Reino de Tailandia) の。
ambiente : 雰囲気；環境。
exótico : エキゾチックな、異国情緒のある；外来の。
sofisticado : 洗練された。名詞形は sofisticación (洗練；精巧さ)、動詞形は sofisticar (洗練させる；精巧にする)。
a solas : 単独で、〜だけで。
al principio : 最初は、初めに。
al＋不定詞 : 〜のとき、〜したとき。
ver＋〈a＋人・物〉＋〈形容詞・副詞〉 : 〔主語にとって〕〔人・物が〕〜のように見える、思われる。
cercano : 近い；親しい。
relajarse : リラックスする、くつろぐ。
enseguida : すぐに、直ちに。
volando : あっという間に、大急ぎで。volar (飛ぶ；(時が)過ぎ去る) の現在分詞。▶ Ahora mismo voy volando. (今すぐ飛んで行くね。)
encantarle (a＋人) : 〔人は〕〜が大好きである。'gustarle (a＋人)' よりも強調的。
despedirse : 別れの挨拶をする。'despedirse de＋人' で「(人に)別れの挨拶をする」。▶ Se fue sin despedirse de nosotros. (彼は私たちに別れの挨拶もせずに行ってしまった。) なお despedir には、「見送る」あるいは「解雇する」という意味の他動詞用法もある。▶ Acabo de despedirla. (彼女を見送った[解雇した]ばかりだ。)
quedar en＋不定詞 : 〜することを合意する。en のあとを〈que＋直説法〉としてもよい。▶ Quedamos en que cada uno pagaba sus gastos. (費用は各自で負担することにした。)
ir al cine : 映画館へ行く、映画鑑賞に出かける。作品を指す「映画」は película, または filme, film と言う。
despertar : 目覚めさせる、起こす。再帰形 despertarse で「目を覚ます」の意。

Apuntes varios

Los bares: un componente esencial de la vida cotidiana
バルは日常生活の一部

　スペインの街を歩いていると、探すまでもなく頻繁にバル（bar）に行き当たります。全国に「人口に対するバルの数が最も多い」ことを売り物にしている都市が（なぜか）いくつもあり、バル文化の健在ぶりがうかがわれます。それもそのはず、軽食喫茶（café-bar）、居酒屋（taberna）、ショットバーや飲み屋（bar de copas）などの機能を備えつつ、地域の社交場、はたまたトイレ休憩の場としても活躍する、まさに万能スペース（espacio multifuncional）なのです。利用の仕方は人それぞれですが、それだけに、スペインの毎日の生活に欠かせないものとなっています。

　そんなバルでいつも感心するのが、ウェイター諸君（camareros）の記憶力のよさ。立ち飲み客で賑わうカウンター（barra）内で、「こっち、生ビール（caña de cerveza）3つに、赤ワイン（vino tinto）1つね」「ミネラルウォーター（agua mineral）、それから肉団子（albóndigas）お願いします」とひっきりなしに飛び交う注文に黙々と応じ、さばいていきます。しかも、たいていの場合、メモを取る様子もないのに、注文の順序と内容を見事に覚えて対応してくれるのです。この研ぎ澄まされた記憶力をもってすれば、常連客（clientes habituales）の注文など、聞かずにわかるというもの。なじみの客が入ってくると、カウンターに着くや否や「いつもの」ビールがサーブされる。そんな光景を目にすることもしばしばです。

Capítulo 5
De noche, en casa

夜（夕食、入浴、就寝）

一日の終わりに、ほっと一息。
家族との団らん、テレビを見ながらごろごろ、バスタイムなど、
帰宅後、就寝するまでの時間帯で使えます。

Capítulo 5
De noche, en casa

（1） Cuando regreso a casa y veo a mis hijos durmiendo plácidamente, todo el cansancio se disipa.

家に帰って子どもたちの穏やかな寝顔を見ると、疲れも吹っ飛ぶ。

（2） ¡Hola, ya estoy en casa! Bueno, en realidad, no tengo a nadie que me conteste.

ただいまあ！　ま、返事してくれる人もいないんだけど。

（3） ¡Qué hambre! Cenaré lo que haya en casa.

ああ、腹ペコ！　何でもいいから、家にあるもので夕飯にしよう。

（1） **regresar a ...**：〜に帰る、戻る。
ver＋〈a＋人・物〉＋現在分詞：(人・物が)〜しているのを見る。例文の veo a mis hijos durmiendo は「子どもたちが寝ているのを見る」の意。
plácidamente：穏やかに、のんびりと。plácido (穏やかな) の副詞形。
cansancio：疲れ、疲労。形容詞形は cansado (疲れた)、動詞形は cansar(se) (疲れさせる；(再帰形で)疲れる)。
disiparse：散る、一掃される。

（2） **no tener a nadie que＋接続法**：〜する・してくれる人がいない。▶ Carmen no tiene a nadie que la ayude. (カルメンは手伝ってくれる人がいない。)

（3） **lo que＋接続法**：〜なら何でも。▶ Puedes comprar lo que te guste. (何でも好きなもの買っていいよ。) ▶ Haz lo que quieras. (好きにしなさい。)

夜（夕食、入浴、就寝）

4
Hacía tiempo que no cenábamos todos juntos en familia.

家族揃っての夕食は、久しぶりだ。

5
Hoy tenemos el estofado especial de la casa. Creo que voy a abrir una botella de vino.

今日はわが家特製のシチューだ。ワインでも開けるかな。

6
En verano, no hay nada mejor que una cerveza bien fría después de un baño.

夏は、風呂上がりの冷えたビールに限る。

---

4 **hacer tiempo que ...** : （三人称単数形で）～して時間が経つ。例文では que 以下が否定なので「ずいぶん～していなかった」という意味になる。 ▶¿Cuánto tiempo hace que estudias español? (スペイン語を始めてどのくらいになるの？)
en familia : 家族だけで、内輪で。

5 **estofado** : シチュー。
especial de la casa : わが家・当店特製の。 ▶¿Qué ingredientes lleva la ensalada especial de la casa? (当店特製サラダには、何が入っているんですか？)

6 **no haber nada mejor que**＋〈名詞・不定詞・接続法〉 : （三人称単数形で）～よりもよいこと・ものは存在しない、～が最高だ。 ▶No hay nada mejor que estar a tu lado. (あなたのそばにいることに勝るものはないわ。)

Capítulo 5
De noche, en casa

---

7 **Son las nueve. Tengo que cambiar de canal para ver el telediario.**

9時だ。チャンネル変えてニュースを見なきゃ。

---

8 **Vaya, se han agotado las pilas del mando a distancia.**

あれ、リモコン、電池切れだ。

---

9 **¿En qué cadena van a echar la nueva serie? Necesito consultar la programación de televisión.**

あの新作ドラマ、何チャンだっけ？ 番組表をチェックしよう。

---

7 **cambiar de ... :** 〜を変える。 ▶cambiar de casa（引っ越す） ▶cambiar de opinión（意見を変える）
canal : チャンネル；運河、水路。
telediario : テレビニュース。(programa de) noticias（ニュース（番組））とも言える。

8 **agotarse :** 空になる、なくなる；疲労困ぱいする。 ▶Las entradas de sus conciertos se agotan en pocos minutos.（彼のコンサートのチケットは、数分で売り切れる。）
pila : 電池。 ▶pila alcalina（アルカリ電池） ▶pila recargable（充電池） また、cargar las pilas は、口語で「（人が）エネルギーを補給する」の意。
mando a distancia : リモコン。略して mando とも言う。

9 **cadena :** チャンネル；鎖、チェーン。
echar : 上映する、放映する。
serie : シリーズ、連続もの（のテレビドラマ）（⇒ p. 16）。
programación : 番組編成、（集合的意味で）番組。

夜（夕食、入浴、就寝）

10
Hoy, a partir de las ocho, se va a jugar el partido de fútbol entre Japón y México.

今日は8時から、サッカーの日本対メキシコ戦だ。

11
¡Ojalá gane la selección japonesa!

日本代表、勝ちますように！

12
Los animaré como si estuviese en el estadio.

スタジアムにいるつもりで応援するぞ。

---

10 a partir de ...： 〜から、〜以降。
partido： 試合。jugar un partido で「試合をする」。

11 ganar： （試合などに）勝つ。▶Nuestro equipo ganó la final por uno a cero.（僕らのチームは1対0で決勝戦に勝った。）反対は perder（（試合などに）負ける）。また、「引き分ける」は empatar. ▶No puedo perder el partido de mañana.（明日の試合は負けられない。）▶Han empatado a cero.（両者、無得点の引き分けだった。）
selección： 選ぶこと、選択；選抜チーム、代表。

12 animar： 応援する、元気づける、励ます。▶Tus sonrisas me animan mucho.（君の笑顔は、僕をとても元気づけてくれる。）
como si＋接続法過去形： あたかも〜であるかのように（⇒ p. 39）。
estadio： スタジアム、競技場。

Capítulo 5
De noche, en casa

13 Este cómico me aburre porque no hace más que repetir siempre los mismos chistes.

このお笑い芸人、ネタがワンパターンでつまんないんだよね。

14 Todos los programas son parecidos y carecen de personalidad.

どれも似たような番組ばっかりで、個性がない。

15 Por fin, esta noche podré ver la película que tengo grabada desde la semana pasada.

今夜こそやっと、先週録画した映画が見られる。

---

13 **cómico**：コメディアン、芸人。形容詞としても用いる。
aburrir：退屈させる、うんざりさせる。形容詞形は aburrido（退屈している；退屈な）。 ▶ Estoy un poco aburrido.（僕はちょっと退屈している。）▶ La película de ayer fue aburrida.（昨日の映画はつまらなかった。）
chiste：笑い話、冗談。▶ contar [decir] un chiste（笑い話をする）▶ chiste verde（いやらしい冗談）

14 **parecido**：似ている、同じような。▶ Este coche es parecido al mío.（この車は私のに似ている。）
carecer de ...：～が欠けている、～がない。▶ Esta región carece de recursos turísticos.（この地方は観光資源に欠けている。）
personalidad：人格、性格；個性。

15 **tener＋過去分詞**：（～の状態に）している、～してある。▶ El profesor siempre tiene abierta la puerta de su despacho.（先生はいつも研究室のドアを開けたままにしている。）
grabar：録画・録音する。grabado は過去分詞形。

夜（夕食、入浴、就寝）

16 **Iba a ver solo un poquito el DVD que me dejó un compañero, pero me he enganchado.**

同僚に借りたDVD、ちょっとのつもりで見始めたら、はまっちゃった。

17 **Me he traído trabajo a casa, pero no me cunde nada.**

仕事を持ち帰ったけど、全然はかどらない。

18 **Aprovecharé este hueco para llamar a la casa de mis padres.**

空いた時間を利用して、実家に電話しよう。

---

16 **DVD**：発音は、スペイン語式の「デウベデ」が一般的。
　dejarle（a+人）：（人に）〜を貸す。
　engancharse：引っかかる。口語では、「はまる」の意味でも用いられる。

17 **traerse**：持ち込む、持ってくる。traerse trabajo a casa で「仕事を自宅に持ち帰る」。traerse の代わりに llevarse を用いると「持っていく、持ち去る」というふうに、方向性に違いが生じる。
　cundirle（a+人）：（人にとって）（仕事などが）はかどる；効率がよい。►Esta semana me ha cundido mucho el trabajo.（今週はとても仕事がはかどった。）

18 **aprovechar**：利用する、活用する。►aprovechar la oportunidad（チャンスを生かす）►aprovechar un espacio muerto（デッドスペースを活用する）
　hueco：すきま、空いている場所；空き時間、暇。

Capítulo 5
De noche, en casa

(19) **Por la noche suelo escuchar música suave y relajante.**

夜はたいてい、リラックス効果のある静かな音楽を聴く。

(20) **Los libros electrónicos son perfectos para leer tumbado en el sofá.**

電子書籍って、ソファでごろごろしながらの読書にぴったり。

(21) **¡Qué gusto da tener un momento como este para simplemente no hacer nada!**

こんなふうに、ただ何もしない時間を過ごすのって、心地いいなあ。

---

(19) soler＋不定詞： 〜するのを常とする、よく〜する。
suave： 柔らかい；静かな、穏やかな。
relajante： リラックス効果のある、(緊張などを)緩める。▶masaje relajante(リラクゼーション・マッサージ)

(20) libro electrónico： 電子書籍。libro digital, ciberlibro, *e-book* などとも呼ばれる。
tumbado： 横になった、寝かせた。tumbar(se)(倒す；(再帰形で)横になる)の過去分詞。

(21) gusto： 喜び；心地よさ。'darle gusto (a＋人)' で「(人を)喜ばせる；気持ちよくする」。
▶¡Qué gusto!(気持ちいい！) ▶Me da mucho gusto estar aquí.(ここって本当に居心地いいなあ。) ▶Mucho gusto. — El gusto es mío.(《挨拶》初めまして、お目にかかれて嬉しいです。—こちらこそ。)

夜（夕食、入浴、就寝）

22. Es realmente reconfortante sumergirse en la bañera.
湯船につかるのって、ほんと気持ちいい。

23. Siempre termino dándome un baño larguísimo.
いつも、つい長風呂になっちゃう。

24. Noto que mi pelo se está dañando.
髪の毛が傷んできてるみたい。

---

(22) **reconfortante**：元気づける、活力を与える。動詞形は reconfortar。
　sumergirse：沈む、潜る。比喩的に「没頭する」という意味でも用いる。▶El escritor se sumergió en sus pensamientos.（作家は考えにふけった。）
　bañera：浴槽。

(23) **terminar＋現在分詞**：結局〜することになる。▶Nos levantamos demasiado tarde y terminamos perdiendo el avión.（僕たちは起きるのが遅すぎて、結局飛行機を逃してしまった。）
　darse un baño：入浴する、お風呂に入る。dándome は、dar の現在分詞 dando に me が付いた形。

(24) **notar que＋直説法**：〜と気づく、感じとる。
　dañarse：痛む、（自分の体の部位を）痛める。▶Me dañé el tobillo.（私は足首を痛めた。）

Capítulo 5
De noche, en casa

25 Intentaré reparar mi pelo dañado con una mascarilla.

トリートメントを付けて、傷んだ髪のダメージケアをしよう。

26 Creo que me han salido más canas. ¿Será por el estrés?

白髪が増えた気がする。ストレスのせい？

27 Por muy tarde que llegue a casa, tengo que desmaquillarme como Dios manda.

どんなに遅く帰っても、ちゃんとメイクを落とさなきゃね。

---

25 **intentar＋不定詞**：～しようとする、～しようと思う。
reparar：修理・修繕する、回復させる。
mascarilla：（美容）トリートメント、パック。「マスク、仮面」の意味もある。

26 **cana**：白髪。主に複数形で用いる。▶tener canas（白髪がある）
salirle (a＋人)：（人に）（毛・歯などが）生える、（しわ・しみ・できものなどが）できる。▶Me ha salido un grano en la barbilla.（あごに、にきびができちゃった。）

27 **por (muy)＋〈形容詞・副詞〉＋que＋接続法**：どんなに～であっても。譲歩を表す。▶Te regalaré ese collar, por muy caro que sea.（どんなに高くても、君にそのネックレスをプレゼントするよ。）
desmaquillarse：（自分の）化粧を落とす。
como Dios manda：きちんと。直訳は「神様が命じる通りに」。▶Queremos celebrar nuestra boda de oro como Dios manda.（私たちは金婚式をきちんと祝いたいと思っている。）

夜（夕食、入浴、就寝）

28
Precisamente porque tengo un horario irregular, tengo que cuidar mucho mi piel.

不規則な生活だからこそ、お肌の手入れ、頑張らないと。

29
Tengo la piel áspera. ¿Será que no me va bien este sérum?

肌が荒れてる。この美容液が合わないのかな？

30
Me encanta el perfume de esta leche corporal.

このボディミルクの香り、大好き。

---

28 precisamente：正確に；まさに、ちょうど。
　horario：時刻表、時間割、スケジュール。▶horario de autobuses（バスの時刻表）▶horario de atención al público（窓口の営業時間）
　cuidar：世話をする、手入れをする；気をつける。

29 áspero：(表面が) 粗い、ざらざらした、がさがさした。ほかに、肌の状態を表す表現には、suave（柔らかい）、liso（滑らかな）などがある。
　ser que ＋ 直説法：(三人称単数形で) 実は〜というわけなのだ、〜だからなのだ。理由の説明や言い訳などに用いられる。▶Es que no tengo dinero.（実は、お金がないんだ。）未来形 será que ... では、推量の意味が加わる。
　sérum：美容液。

30 perfume：よい香り、芳香。動詞形は perfumar（〜を香りで満たす；香る）。
　leche corporal：ボディミルク。corporal は cuerpo (体) の形容詞形。crema corporal は「ボディクリーム」、leche desmaquillante [desmaquilladora / limpiadora] は「クレンジング乳液」。

Capítulo 5
De noche, en casa

31 **Para proteger la piel de la sequedad del invierno, la hidrato bien con una crema hidratante.**

冬の乾燥からお肌を守るために、保湿クリームでしっかり保湿している。

32 **Intento mejorar la circulación sanguínea dándome unos masajes.**

マッサージで血行をよくしたい。

33 **¡Ya es la una! Si no me acuesto pronto, mi cutis se resentirá.**

もう1時！ 早く寝ないとお肌に悪いよね。

---

31 **proteger de ... :** 〜から守る、保護する。前置詞は de のほか contra でも OK。 ▶ La capa de ozono nos protege de los rayos ultravioleta. (オゾン層は我々を紫外線から守ってくれる。)
sequedad : 乾燥(状態)。seco (乾燥した) の名詞形。
hidratar : 水分を与える、潤いを与える。
crema hidratante : 保湿クリーム。crema nutritiva は「栄養クリーム」、crema anti-arrugas は「しわ用クリーム」、tónico suavizante は「化粧水」。

32 **circulación :** 循環、流通、通行。 ▶ Esta avenida tiene mucha circulación. (この大通りは交通量が多い。)
sanguíneo : 血液の。sangre (血液) の形容詞形。grupo sanguíneo で「血液型」の意。
masaje : マッサージ。dar un masaje (または dar masajes) で「マッサージする」。

33 **cutis :** (人間の) 皮膚、肌。piel が一般的に皮膚を指すのに対し、cutis は主に、美容の観点から顔の肌を指して用いられる。
resentirse : 衰える、弱る、痛む、苦しむ。

夜（夕食、入浴、就寝）

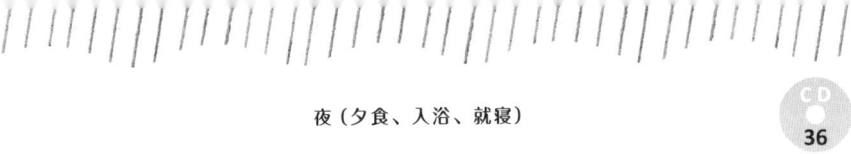

34 **Convendría hacer ejercicios de relajación, porque últimamente me cuesta conciliar el sueño.**

最近、寝つきが悪いから、リラックス効果のあるエクササイズでもするべきかも。

35 **Voy a hacer estiramientos para relajarme.**

リラックスするために、ストレッチをしよう。

36 **¡Ay, qué dolor! Esto no sirve para combatir el estrés.**

うわ、痛っ！　これじゃ、ストレス解消にはならないな。

34 **convenir**＋〈不定詞・**que**＋接続法〉：（三人称単数形で）～するのは都合がいい、適当である。「～にとって」と特定する場合は、間接目的語を用いる。 ▶No me conviene ir en coche.（僕にとって、車で行くのは都合が悪い。）
ejercicio：体操、運動；練習。hacer ejercicios で「体操する、運動する」。
relajación：リラックス、弛緩。
costarle（a＋人）＋不定詞：（人にとって）～するのが負担である、難しい。
conciliar el sueño：寝つく、寝入る。

35 **estiramiento**：ストレッチ。動詞形は estirar(se)（（手足を）伸ばす）。
relajarse：リラックスする、くつろぐ。

36 **servir para ...**：～の役に立つ；～に向いている。 ▶Yo no sirvo para este trabajo.（私はこの仕事に向いていない。）
combatir：抵抗する、戦う、撃退する。 ▶combatir la discriminación（差別と戦う）

Capítulo 5
De noche, en casa

37 Como me da pereza ir al gimnasio, hago ejercicios de fortalecimiento muscular en casa.

ジムに通うのはめんどくさいから、自宅で筋トレをしている。

38 ¡Veinte abdominales más antes de irme a la cama!

寝る前に、腹筋あと 20 回だ！

39 Tengo los hombros muy agarrotados. Me pondré unos parches.

肩こりがひどい。湿布でも張っておくか。

---

37 **darle pereza**（a＋人）：（人にとって）面倒だ。pereza は「怠惰、無精」を指す。▶tener pereza（やる気が出ない、気だるい）
　gimnasio：スポーツジム、体育館。gimnasia（体操）との区別に注意。
　fortalecimiento：強化、増強。fortalecer（強くする）の名詞形。fortalecimiento muscular で「筋肉の強化」。▶fortalecimiento de la economía（経済の強化）

38 **abdominal**：腹部の。dolor abdominal で「腹痛」。ここでは複数形で「腹筋、腹筋運動」を指す男性名詞として用いられている。flexiones は「腕立て伏せ」、extensiones dorsales は「背筋運動」。

39 **hombro**：肩。
　agarrotado：（筋肉などが）固くなった、しびれた、けいれんした。動詞形は agarrotarse（固まる、しびれる）。
　parche：湿布。「継ぎ当て、パッチ；眼帯」や「一時しのぎの処置」の意味もある。

夜（夕食、入浴、就寝）

40
Desde que vivo solo, tiendo a tener el horario invertido.
一人暮らしを始めてから、生活が夜型になりがちだ。

41
Hoy me iré a dormir antes de las doce.
今日は 12 時前には寝よう。

42
¡Ya es hora de dormir! Dejad de charlar y dormíos ya.
（子どもに）もう寝る時間でしょ！　おしゃべりしてないで早く寝なさい。

---

40 **desde que ...：** 〜して以来。que のあとは主に直説法が使われる。
tender a＋不定詞： 〜しがちである；〜する傾向がある。▶Tiendo a engordar si no hago ejercicio. (私は運動しないとすぐ太る。)
invertido： 逆の、逆さまの。horario invertido は「逆さまの時間割」、つまり昼夜逆転した生活のこと。

41 **irse a dormir：** 就寝する、ベッドに入る。irse a la cama や acostarse と同じ意味。

42 **dejar de＋不定詞：** 〜するのをやめる。dejad は vosotros に対する命令形。▶¿Cuándo vas a dejar de fumar? (いつ煙草吸うのをやめるの？)
charlar： おしゃべりする。
dormirse： 眠りにつく。dormir（眠る）に再帰代名詞が付いた形。dormíos は vosotros に対する命令形。このように再帰代名詞が付く場合、この人称の命令形本来の語尾子音である -d が削除される。Levantaos.（< levantarse）（君たち、起きなさい。）なども同様。

Capítulo 5
De noche, en casa

43 **Sería prudente hacer la maleta para el viaje de negocios esta noche.**

出張の荷物、今夜中にまとめておくのが賢明だよね。

44 **Tengo que poner el despertador porque mañana madrugo.**

明日の朝は早いから、目覚ましかけておかないと。

45 **Uf..., me había quedado dormido intentando leer un libro.**

あれれ…、本を読もうとしてるうちに、寝ちゃってた。

---

43 **prudente**：慎重な、思慮深い。▶ Mi padre es un conductor muy prudente.（父は運転が慎重だ。）
maleta：スーツケース、旅行かばん。hacer la maleta で「荷物をまとめる、旅支度をする」。
viaje de negocios：出張旅行。viaje de placer [recreo] は「余暇を楽しむことが目的の旅、観光旅行」、viaje de novios は「新婚旅行」。

44 **despertador**：目覚まし時計。reloj despertador を略した言い方。poner el despertador で「目覚まし時計をセットする」。
madrugar：早起きする。▶ A quien madruga, Dios le ayuda.（《諺》早起きは三文の得、早起きする者を神は助ける。）

45 **quedarse＋〈形容詞＋副詞〉**：〜の状態になる；〜のままである。quedarse dormido は「寝入る」または「寝過ごす」の意味（⇒ p. 5）。

夜（夕食、入浴、就寝）

46
¡Las lentillas! Por poco me acuesto con ellas puestas...

あ、コンタクトレンズ！　付けたままで寝るとこだった…。

47
Estos días, me está costando dormir por el calor.

ここ数日、暑くて寝苦しいなあ。

48
Probaré el modo *sleep* del aire acondicionado.

エアコンのおやすみモードを試してみよう。

---

46 lentilla : コンタクトレンズ。lente de contacto とも言う。lentilla blanda [dura] で「ソフト[ハード]コンタクトレンズ」。
por poco＋直説法現在形 : もう少しで〜するところだった。

47 costarle (a＋人)＋不定詞 : （人にとって）〜するのが負担である、難しい。
calor : 暑さ；熱。calor sofocante で「蒸し暑さ」の意。

48 probar : 試す；試食する、味見する。
modo *sleep* : （エアコンなどの）おやすみモード。sleep は英語をそのまま用いているため、斜体字で書くのが正式。「おやすみモード」に対応する表現には、ほかにも modo sueño や modo dormir などがある。
aire acondicionado : エアコン、空調。略して aire とも言う。「暖房」は calefacción.

Diario 9

Falta de sueño

¡Qué sueño! Esta noche solo he dormido tres horas. Es que se me fue el santo al cielo leyendo un libro y me acosté muy tarde. Una vez empezada la lectura, no hubo manera de parar; con razón esa novela de suspense está haciendo furor últimamente. Cuando me di cuenta, ¡ya eran las dos de la madrugada! Para más inri, después me quedé dormida en el sofá... Entre unas cosas y otras, no me metí en la cama hasta pasadas las tres. Lo malo es que ya no tengo veinte añitos y el cuerpo pasa factura por esas barbaridades. Debería llevar una vida más disciplinada...

寝不足

ああ、眠い！ 昨日の夜は3時間しか寝てない。というのも、本を夢中で読んでいて、夜更かししちゃったせい。今、超話題のサスペンス小説だけあって、読み始めたが最後、止まらなかった。気づいたらなんと深夜の2時！ しかも、そのあとソファでうたた寝しちゃうし…。なんだかんだで、結局ベッドに入ったのは3時過ぎだった。困ったことに、もう20歳の若者というわけじゃないので、こういう無謀な行いをすると、体が悲鳴をあげてくる。もっと規則正しい生活をしないとだめだなあ。

Notas

- **esta noche**: 常に日本語の「今夜」に対応するわけではなく、特に午前中などは「時間的に一番近い夜」すなわち「昨夜」を指す場合もある。
- **ser que＋直説法**: （三人称単数形で）（実は）〜なのだ、〜ということだ。理由の説明や言い訳などに用いる。▶¿Por qué no vienes? — Es que me duele la cabeza. (なんで来ないの？—実は、頭が痛いんだ。)
- **írsele (a＋人) el santo al cielo**: （人が）ど忘れする、うっかり忘れる。直訳は「聖人様が天に行ってしまわれる」。前頁の例のように、「（何かに没頭して）時間が経つのを忘れる」という場合にも用いられる。▶¿Por qué no me llamaste ayer? — Ay, perdona: ¡se me fue el santo al cielo! (昨日、どうして電話くれなかったの？—ああ、ごめん。うっかりしちゃった。)
- **una vez＋過去分詞**: 〜したら；いったん〜したからには。▶Una vez abierto el envase, no podemos cambiarlo por otro artículo. (開封後は、ほかの商品と交換はできない。)
- **no haber manera de＋不定詞**: （三人称単数形で）〜するのは不可能である、どうしても〜できない。
- **con razón**: 正当に；〜するのももっともだ。▶Con razón se quejan los alumnos. (学生が文句を言うのも当然だ。)
- **suspense**: サスペンス。
- **hacer furor**: とても流行っている。furor は「激怒；熱狂、興奮；大流行」などの意味がある。
- **darse cuenta**: 気づく。
- **madrugada**: 深夜、明け方、早朝。
- **para más inri**: さらに悪いことには。話し言葉で用いられる。
- **entre ... y ...**: 〜やら〜やらで。entre unas cosas y otras は「なんだかんだで、あれやこれやで」という意味。
- **meterse (en ...)**: （〜に）入る、入り込む。
- **pasado＋時の表現**: 〜過ぎに。
- **añito**: año (年；〜歳) に縮小辞 -ito が付いた形。縮小辞は「小さい、少ない」のほか、親愛や軽蔑など様々なニュアンスを持つ。
- **pasar factura**: 文字どおりの解釈は「請求書を送る」だが、口語では「つけを回す」の意味でも使われる。「（無理のしすぎなどで）体が悲鳴をあげる、危険信号を送ってくる」といった趣旨で用いられることが多い。
- **barbaridad**: ばかげたこと、むちゃなこと；残虐行為。
- **disciplinado**: 規則正しい、規律のある。disciplinar (訓練する) の過去分詞形。

Diario 10

Un baño relajante

Últimamente me he aficionado a los aceites esenciales para el baño. Elegir una fragancia según el estado de ánimo y sumergirme en la bañera perfumada es la manera perfecta de terminar una larga jornada. Hoy he disfrutado de una fragancia de rosas, muy elegante y envolvente. Esa sesión de aromaterapia me ha permitido relajarme profundamente, liberándome del cansancio acumulado. Gracias al baño y los ejercicios de estiramiento, creo que esta noche podré dormir muy bien. A ver si sueño con los angelitos.

癒やしのバスタイム

最近、入浴用のエッセンシャルオイルにはまっている。気分に合わせて香りを選んで、いいにおいのお風呂につかるのは、長い一日を終える最高の方法だと思う。今日は、とっても優雅で包み込むようなローズの香りを満喫した。たまっていた疲れから解放されて、芯からリラックスできたアロマセラピーのひと時だった。このお風呂タイムとストレッチのおかげで、今夜はよく眠れそう。いい夢が見れるといいな。

Notas

aficionarse a ... : 〜が好きになる、〜に熱中する。afición は「趣味；愛好」、aficionado は「(形容詞として) 〜が好きな；アマチュアの；(名詞として) 愛好家」。

aceite esencial : エッセンシャルオイル、精油。

fragancia : 香り、芳香。なお、olor は「におい」全般を、aroma, fragancia, perfume は「芳香」を指す。

según : 〜によって、〜次第で。

ánimo : 精神、気持ち；気力；意図。estado de ánimo で「精神状態、気分」。

sumergirse : 沈む、浸る；没頭する。

perfumar : 香りを付ける。perfumado は過去分詞形。

jornada : (労働やその他の活動のサイクルとしての) 一日。

disfrutar de ... : 〜を楽しむ。前置詞は de の代わりに con でも OK。また、他動詞の用法もある。

envolvente : 包みこむ、くるむ。envolver (包む) の形容詞形。▶Era una noche de niebla envolvente. (濃い霧の夜だった。)

sesión : (治療などの) 1回分の時間。

aromaterapia : アロマセラピー。

permitirle (a＋人)＋〈不定詞・que＋接続法〉: (人が)〜することを許可する、可能にする。

profundamente : 深く、すっかり。profundo (深い) の副詞形。

liberarse de ... : 〜から解放される、自分自身を解放する。liberar de ... (〜から解放する) の再帰用法。liberándome は現在分詞に me が付いた形。

gracias a ... : 〜のおかげで。

a ver si＋直説法 : 〜だといいのだが。願望を示す。「〜ではないだろうか、〜かもしれない」と憶測や不安を表すのにも用いられる。▶A ver si tenía razón tu padre. (君のお父さんの言うことが正しかったのかも。)

soñar con los angelitos : 天使の夢を見る、いい夢を見る。なお、¡Que sueñes con los angelitos! は、主に子どもに対する就寝前の挨拶として用いる表現で、「天使の夢を見てね、いい夢を見てね」の意。

Apuntes varios

Las tareas escolares y las veladas familiares
宿題は家族団らんの敵？

　一日の食事の中では昼食（comida / almuerzo）がいちばん大切にされるスペインですが、家族全員が揃って食べられるのは夕食（cena）だけという家庭も多く、夜は皆で食卓を囲み、団らんを楽しむのが普通です。

　ところが近年、この習慣（costumbre）の存続が危ぶまれる事態となっています。原因は、なんと子どもたちの宿題（deberes / tareas escolares）。2010年のデータによると、8歳から16歳の子どものうち、78％が家族（主に母親か父親）に宿題を手伝ってもらうとのこと。というのも、ここ数年、宿題の量（cantidad）、難易度（nivel de dificultad）ともに上昇の傾向が顕著で、毎晩、子どもも親も四苦八苦という家庭が増えているのです。

　2013年には、スペイン各地の「学童・生徒の父母の会（asociación de padres y madres de alumnos）」からなる連盟が、家庭生活を圧迫する宿題の増加に反対する声明を出すなど、事態の深刻さがうかがえます。声明文に挙げられた反対理由には、「過剰な宿題（exceso de deberes）は、親子関係に緊張をもたらす」「退社時間（hora de salida de la oficina）を早められない親にとっては、悩みの種となる」などが見られ、スペインのパパ、ママがいかに子どもの宿題に真剣に取り組んでいるかが伝わってきます。これでは、悲鳴をあげたくなってしまうのも納得ですね。

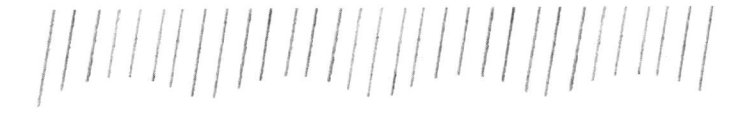

Capítulo 6
Tareas domésticas

家事、子育て

掃除や洗濯、料理、スーパーの買い物、育児、
子どもの成長に関することを表現しましょう。

Capítulo 6
Tareas domésticas

1 ¡Qué buen tiempo! Hace un día ideal para secar los futones al sol.

いい天気！　まさに布団干し日和だ。

2 Esta blusa la tengo que lavar a mano [llevar a la tintorería].

このブラウスは手洗いしなきゃ［クリーニングに出そう］。

3 ¿Se quitará esta mancha en la lavadora?

このしみ、洗濯機で落ちるかな？

---

1 **ideal**：理想的な。▶hombre [mujer] ideal（理想の男性[女性]）▶lugar ideal para vivir（住むのに最適な場所）
secar：乾かす、干す。形容詞形は seco（乾いた、乾燥した）。
futón：布団、布団風マットレス。単数形の o にアクセント記号が付く。
sol：日光；晴天；日なた。天体としての「太陽」を指す場合は、頭文字を大文字にする。

2 **blusa**：ブラウス。ほかに、camisa（シャツ、ワイシャツ）、camiseta（T シャツ、ランニングシャツ）なども覚えておこう。
lavar a mano：手で洗う。lavar a máquina は「洗濯機で洗う」、lavar en seco は「ドライクリーニングする」。
tintorería：ドライクリーニング店。lavandería は「洗濯店、コインランドリー」。

3 **quitarse**：なくなる、取り除かれる。
mancha：しみ、汚れ；あざ。▶mancha de sol（日焼けによるしみ）▶mancha de sangre（血痕）
lavadora：洗濯機。poner la lavadora で「洗濯機を回す」。「乾燥機」は secadora。

家事、子育て

(4) **Hoy ha vuelto a llover. ¡Qué fastidio! Voy a tener que tender la ropa dentro de casa.**

今日も雨か。やだなあ！ 仕方ないから洗濯物は部屋干ししよう。

(5) **¡Cielos! Todavía no he recogido la colada.**

まずい！ 洗濯物を取り込んでなかった。

(6) **Me da muchísima pereza planchar camisas.**

ワイシャツのアイロンがけ、本当に面倒だなあ。

---

(4) volver a＋不定詞： 再び〜する。
　fastidio： 煩わしさ、厄介。「煩わしい、厄介な」に対応する形容詞は fastidioso。
　tender： 干す；広げる。tender la ropa で「洗濯物を干す」。tendedero は「物干し場、物干し台」。

(5) cielos： おやまあ、へえ、あれ。驚き・不快・感嘆などを表す間投詞。
　recoger： 片付ける、しまう。▶recoger la habitación（部屋を片付ける）ほかに、「拾う；集める；（人を）迎えに行く」の意味もある。
　colada： 洗濯；洗濯物。hacer la colada で「洗濯をする」。

(6) darle pereza（a＋人）： （人にとって）面倒だ。pereza は「怠惰、無精」の意味。
　planchar： アイロンをかける。「アイロン」は plancha。

Capítulo 6
Tareas domésticas

---

(7) **Estos yogures están de oferta. Me llevaré dos paquetes.**

ヨーグルトが特売だ。2 パック買っちゃおう。

---

(8) **Últimamente, los precios de las verduras están por las nubes.**

最近、野菜が高いなあ。

---

(9) **¿Cuánto costará este besugo? Tiene muy buena pinta.**

このタイ、いくらかな？ すごくおいしそう。

---

(7) **oferta :** 提供、申し出；特売品。estar de [en] oferta で「特売中である」。
llevarse : 持っていく、持ち去る、連れ去る。

(8) **verdura :** 野菜。berenjena（なす）、cebolla（玉ねぎ）、lechuga（レタス）、espinaca（ほうれん草）、pimiento（ピーマン）、repollo（キャベツ）、tomate（トマト）、zanahoria（にんじん）など、一般的な野菜の名称も覚えておくと便利。
por las nubes : 非常に高価な。直訳は「雲のあたりに」。

(9) **besugo :** タイ。魚の名称としては、ほかに atún（マグロ）、bacalao（タラ）、bonito（カツオ）、dorada（クロダイ、ヘダイ）、lubina（スズキ）、merluza（メルルーサ）、pez espada（メカジキ）、salmón（サケ）、sardina（イワシ）、trucha（マス）などが一般的。
pinta : 外観、様相、印象。tener buena [mala] pinta で「よく [悪く] 見える」。

家事、子育て

10 ¿Compro carne o pescado? No sé qué hacer.
肉と魚、どっちを買おう。ああ、迷うなあ。

11 ¿Tengo todo lo que está en la lista de la compra?
買い物リストにあるもの、全部揃ったかな?

12 Ah, sí: casi se me olvida que me había quedado sin arroz.
そうだ、お米を切らしてたの、忘れるとこだった!

---

10 **pescado**: (食材としての)魚、魚肉。生き物としての魚は pez と言う。pescado blanco は「白身魚」、pescado azul は「青魚」、pescado crudo は「生魚、刺身」。
(no saber) qué+不定詞: 何を〜したらいいか(わからない)(⇒ p.70)。

11 **todo lo que ...**: 〜全てのもの・こと。▶todo lo que necesitamos(私たちが必要な全てのもの) ▶todo lo que has dicho(君が言った全てのこと)
lista de la compra: 買い物リスト。

12 **casi ...**: もう少しで〜するところだった。▶Casi se me olvida. (もう少しで忘れるところだった。) ▶Casi me caigo. (もう少しで転ぶところだった。)
quedarse sin ...: 〜を切らす、〜がすっかりなくなる。▶No te llamé porque me había quedado sin batería. (君に電話しなかったのは、バッテリーを切らしていたからだ。)

Capítulo 6
Tareas domésticas

13 **Hay mucha cola en la caja. Debería haber venido a otra hora.**

レジがすごい行列！ 別の時間に来るべきだったよ。

14 **No necesito bolsa, gracias. Vaya, he dejado mis bolsas de la compra en el coche.**

(スーパーのレジで) レジ袋は結構です。あ、買い物袋、車に忘れてきちゃった。

15 **Estas bolsas pesan una barbaridad… Me pasé con la compra.**

袋がすごく重い…。買い過ぎたな。

---

13 **caja**：レジ。caja registradora (レジスター) の略。
　deber haber＋過去分詞：(過去未来形で)〜するべきだったのに。実際には行われなかったことを指して使われる。▶Deberías haberme escuchado. (君は私の言うことを聞くべきだったのにね。)
　a otra hora：別の時間に。a todas horas は「四六時中」、a estas horas は「こんな時間に；今頃になってもまだ」、de última hora は「最後の；最新の」。

14 **dejar**：〜を置いたままにする、置き忘れる。
　bolsa de (la) compra：買い物袋。

15 **pesar**：重さがある；重さが〜である；重くのしかかる。
　una barbaridad：ものすごく。副詞的に用いられるほか、前置詞 de を伴い「たくさんの」の意味で形容詞的にも用いられる。▶Aquí hay una barbaridad de libros. (ここには大変な数の本がある。)
　pasarse：度を越す、やり過ぎる。▶pasarse de la raya (限度を超える) ▶pasarse con la sal (塩を入れ過ぎる)

家事、子育て

16 **Por cierto, hoy sin falta tengo que hacer la transferencia del alquiler.**
そうだ、今日、必ず家賃の振り込みしなきゃ。

17 **¿Hasta qué hora está abierta la ventanilla de aquel banco?**
あの銀行の窓口って何時までだっけ？

18 **Tengo que ir al cajero automático para sacar dinero.**
ATMに行ってお金下ろさないと。

---

16 **por cierto**：ところで、ときに。話題を変えたり、話題に関連した情報を補足する場合によく使われる。
sin falta：必ず；間違いなく。
transferencia：移動、移転；(財産などの)譲渡、名義変更。transferencia (bancaria) で「(銀行)振替、振り込み」。hacer [realizar] una transferencia で「振り込みをする」。
alquiler：賃料；賃貸。▶coche de alquiler (レンタカー) 動詞形は alquilar (賃貸しする；賃借りする)。

17 **ventanilla**：窓口。▶horario de ventanilla (窓口の営業時間) ▶Tenemos que sacar número para los trámites de ventanilla. (窓口での手続きには番号札を取らなければならない。)

18 **cajero automático**：現金自動預け払い機、ATM。「デビットカード」は tarjeta de débito,「クレジットカード」は tarjeta de crédito,「通帳」は libreta de banco。
sacar dinero：お金を下ろす。「お金を預ける」は depositar dinero。

Capítulo 6
Tareas domésticas

19 **¿Qué cenaremos hoy? Creo que vamos a pedir pizzas a domicilio.**

今日の夕飯は何にしよう？ 宅配ピザでも頼もうかな。

20 **Prepararé algo con las sobras de la nevera.**

冷蔵庫の残り物を使って何か作ろう。

21 **Como estoy cansada, me conformaré con preparar una pasta sencilla.**

疲れてるし、簡単なパスタで済ませよう。

---

19 **a domicilio：** 宅配の、自宅訪問の。pizza a domicilio で「宅配ピザ」。▶entrega a domicilio（宅配）▶comida a domicilio（出前、料理のデリバリー）▶servicio a domicilio（訪問サービス）

20 **sobra：** 過剰、余剰。複数形で「残り、食べ残し」を指す。
nevera： 冷蔵庫；アイスボックス。frigorífico または refrigerador とも言う。「冷凍庫」は congelador。

21 **conformarse con ...：** 〜で我慢する、〜で妥協する。▶Cuando se trata de café, no se conforma con cualquier cosa.（彼女は、ことコーヒーに関しては、妥協を許さない。）
pasta： パスタ。「スパゲッティ」は espagueti(s)（複数形で用いられることが多い）、「マカロニ」は macarrón（複数形 macarrones のほうが使用頻度が高い）。
sencillo： 簡単な、シンプルな。

家事、子育て

(22) Tengo que usar este repollo antes de que se eche a perder.
このキャベツ、悪くなる前に使い切らないと。

(23) ¿Cuál es la fecha de caducidad de esta mayonesa?
このマヨネーズ、賞味期限いつかな？

(24) Sé que no es sano abusar de los congelados, pero...
冷凍食品ばかりじゃ体に悪いって、わかってはいるけど…

---

(22) **antes (de) que＋接続法：** 〜するより前に；〜しないうちに。
echarse a perder： だめになる、腐る、悪くなる。再帰代名詞なしの他動詞用法は、「だめにする、失敗させる」と解釈される。▶Isabel echó a perder nuestro plan.（イサベルは、僕らの計画を台無しにした。）

(23) **caducidad：** 期限切れ、失効。fecha de caducidad で「賞味[使用]期限；有効期限」。動詞形は caducar（期限が切れる）。
mayonesa： マヨネーズソース（salsa mayonesa）。

(24) **sano：** 健康な、健康的な；健全な。▶Mente sana en cuerpo sano.（《諺》健全な精神は健全な肉体に宿る。）
abusar de ...： 〜を乱用する、使いすぎる；（弱みや善意）につけ込む；性的に暴行・虐待する。
congelado： 冷凍食品；冷凍すること。「凍った、冷凍した」という意味の形容詞用法もある。▶Tengo las manos congeladas.（手が凍えている。）

Capítulo 6
Tareas domésticas

(25) Echaría más sal pero me contendré. Tengo que empezar a vigilarme la tensión.

もっと塩を足したいとこだけど、我慢しよう。そろそろ血圧に注意しなきゃね。

(26) ¡Qué horror! Se ha quemado la cebolla.

やばい、玉ねぎ焦げちゃった！

(27) Me gustaría ampliar mi repertorio de recetas.

料理のレパートリーをもっと増やしたい。

---

(25) **echar**：入れる、加える。例文の echaría は過去未来形で緩和を示し、「できることなら入れたいのだが…」というニュアンスを表す。
　contenerse：我慢する、耐える。
　vigilar：監視する、見張る。▶Un pastor alemán vigilaba la puerta.（シェパードが1匹、入口を見張っていた。）vigilante は「警備員」。
　tensión：血圧（tensión arterial）。▶tener la tensión alta [baja]（高［低］血圧だ）

(26) **horror**：恐怖；不快感、いやなもの。形容詞形は horroroso（恐ろしい；非常に悪い）。
　quemarse：燃える、焦げる；やけどする。他動詞 quemar（焦がす、燃やす）に再帰代名詞が付いた形。▶Cada vez que intento cocinar algo, me quemo.（何か料理しようとするたびに、やけどしてしまう。）

(27) **ampliar**：増やす、大きくする、拡大する。
　repertorio：レパートリー；上演目録、演奏目録。
　receta：調理法、レシピ；処方、処方箋。▶¿Puedes darme la receta de este bizcocho?（このスポンジケーキの作り方、教えてもらえる？）

家事、子育て

28
¡Humm, qué bien huele! Esto debe estar riquísimo.
うーん、いいにおい！ すごくおいしそう！

29
¡Ya está lista la comida! ¡Que no se enfríe!
（家族に向かって）ごはんできたよ。温かいうちに食べよう！

30
¡Cuidado, que quema!
熱いから、気をつけて！

---

28 **hum(m)**： うーん。主に、不快・躊躇・疑い・喜びを表す間投詞。
　oler： においがする、においを放つ。「においをかぐ、においを感じる」の意味でも用いられる。第一音節の母音が二重母音 ue となる活用形では、語頭に h が付く (huelo, hueles, huelen, etc.)。
　deber (de)＋不定詞： 〜するに違いない、〜はずである。
　riquísimo： とてもおいしい。形容詞 rico（おいしい）の最上級。

29 **listo**： 準備のできた。
　que no＋接続法： 〜しないようにしなさい；〜しませんように。
　enfriarse： 冷める、冷える。enfriar（冷ます、冷やす）に再帰代名詞が付いた形。

30 **cuidado**： 気をつけろ、注意しなさい。「注意、用心」を表す名詞 cuidado の間投詞用法。
　que＋直説法： 〜ですよ、〜だぞ。肯定・否定を強める。
　quemar： 燃やす、焦がす。口語では「すごく熱い」という意味でも使われる。再帰形 quemarse は「燃える、焦げる」の意（⇒ p. 116）。

Capítulo 6
Tareas domésticas

31 ¿A quién le toca recoger la mesa hoy?
今日は食事の後片付け、誰の番かな？

32 Sería de gran ayuda tener un lavavajillas.
食洗機があったら楽だろうなあ。

33 Tenemos demasiadas cosas y los armarios están a punto de reventar.
物がありすぎて、クローゼットが破裂寸前だ。

---

31) tocarle（a＋人）＋不定詞：（人に）〜する番が回ってくる、（人が）〜するときである。
recoger：片付ける、しまう。recoger la mesa で「食事の後片付けをする」。

32) ser de (gran) ayuda：（非常に）手助けになる、役に立つ。
lavavajillas：食器洗い機。lavaplatos とも言う。

33) armario：洋服だんす；食器棚。▶armario empotrado（作り付けクローゼット）ほかに、estantería（棚、本棚）、cómoda（整理だんす、チェスト）なども覚えよう。
estar a punto de＋不定詞：まさに〜しようとしている。▶¡Date prisa! El tren está a punto de llegar.（急いで！ もう電車が来るよ。）また、過去時制では「もう少しで〜するところだった」の意味を表す。▶Estaba a punto de olvidarme de pasar por Correos.（郵便局に寄るのを忘れるところだった。）
reventar：破裂する、爆発する。「破裂させる、壊す」という他動詞の用法もある。▶Los bomberos reventaron la puerta al entrar en la vivienda.（消防隊は住宅に進入する際、ドアを打ち破った。）

家事、子育て

34
Es hora de deshacernos de las cosas innecesarias.
そろそろ、いらない物を手放そう。

35
Tengo que ordenar el salón antes de que lleguen las visitas.
来客があるから、それまでに居間を片付けないと。

36
El piso parece más grande ahora que está todo recogido.
整理整頓したら、マンションが前より広く見える。

---

34 **hora de＋〈不定詞・que＋接続法〉:** ～するとき、～する時間。
deshacerse de ...: ～を処分する、捨てる；手を切る。▶ Se deshizo de sus viejos amigos.（彼は昔からの仲間と縁を切った。）
innecesario: 不必要な、無用な。

35 **ordenar:** 整理する；（きちんと）並べる。▶ He ordenado las fotos cronológicamente.（写真を年代順に並べた。）
salón: 居間、客間、リビング；ホール、大広間。また、「部屋」は habitación,「ダイニング、食堂」は comedor,「キッチン」は conina,「寝室」は dormitorio と言う。
antes (de) que＋接続法: ～するより前に；～しないうちに。
visitas:（主に複数形で）訪問客、見学客。単数形 visita は「訪問、見学、視察」を表す。

36 **piso:** マンション、アパート。
ahora que ...: 今ちょうど～したところなのに；今～なので（⇒ p. 53）。
recogido: 片付いた。recoger（片付ける）の過去分詞形。

Capítulo 6
Tareas domésticas

(37) **¡Cuánto polvo! Voy a pasar la aspiradora por toda la casa.**

すごいほこり！　家中に掃除機をかけよう。

---

(38) **Supongo que sería un escándalo que usase la aspiradora a estas horas.**

こんな時間に掃除機使ったら、ひんしゅく買うだろうな。

---

(39) **¡Qué persistente es el moho del cuarto de baño!**

お風呂場のカビって、本当にしつこいなあ。

---

(37) **cuánto ... :**（感嘆文で）なんと多くの、なんという。▶¡Cuánta gente!（なんてたくさんの人なんだ！）
  polvo : ほこり、ちり。▶quitar el polvo a los muebles（家具のほこりを取る）　▶hacer [levantar] polvo（ほこりを立てる）
  aspiradora : 掃除機。pasar la aspiradora で「掃除機をかける」。

(38) **suponer que＋直説法 :** 〜ではないかと思う、〜と推測する。〈＋接続法〉で、「〜と仮定する」という意味になる。▶Vamos a suponer que sea verdad lo que dices.（君の言い分が正しいと仮定してみよう。）
  escándalo : 騒ぎ；スキャンダル；ひんしゅく。ここでは、'ser un escándalo que＋接続法' で「〜はけしからん、ひんしゅくだ」の意味。

(39) **persistente :** 頑固な、しつこい；持続する。persistir（固執する）の形容詞形。
  moho : カビ。▶oler a moho（カビ臭い）
  cuarto de baño : 浴室、お風呂場。

家事、子育て

40
Nuestro hijo menor ya ha empezado a gatear.
下の子、もうはいはいをするようになった。

41
Me gustaría darle meriendas caseras, pero no tengo suficiente tiempo.
手作りのおやつをあげたいけど、時間に余裕がない。

42
Antes de ir a jugar, tienes que terminar los deberes.
(子どもに) 遊びに行く前に、宿題してしまいなさいね。

---

40 menor： 年下の；いちばん下の。 ▶hermano menor(弟) ▶la menor de tres hermanas (三人姉妹のいちばん下) なお、反対は mayor (年上の；いちばん上の)。
empezar a＋不定詞： ～し始める。
gatear： はって歩く；はい登る。「はって歩く」は andar a gatas とも言う。

41 merienda： おやつ、軽食。tomar una merienda で「おやつ・軽食を食べる」。動詞形は merendar (おやつを食べる)。
casero： 家庭の、自家製の。 ▶cocina casera(家庭料理) ▶tarta casera(自家製のケーキ)

42 jugar： 遊ぶ；(スポーツ・ゲームを) する。 ▶jugar al fútbol (サッカーをする) ▶jugar a las cartas (トランプをする)
deberes： 宿題。hacer los deberes で「宿題をする」。単数形 deber は「義務」の意味。

Capítulo 6
Tareas domésticas

43 **Lo bueno de los parques es que los padres podemos intercambiar información mientras los niños juegan.**

公園の利点は、子どもたちが遊んでる間、親同士で情報交換ができることだ。

44 **Parece que mi hijo lo ha empujado antes. No puedo perderlo de vista.**

うちの子が先に押したらしい。目が離せないなあ。

45 **¡Vamos!, no te lo voy a comprar aunque llores.**

（子どもに）さあさあ、泣いてもそれは買ってあげないよ。

---

43 **lo bueno de ...：** 〜のいい点。「〜の悪い点、困ったところ」なら、lo malo de ... とすればOK。 ▶Lo malo de la natación es que es aburrida.（水泳は退屈な点が問題だ。）
intercambiar： （お互いに）交換する、やりとりする。 ▶intercambiar ropa（服をお互いに交換する） ▶intercambiar miradas（視線を交わす）
mientras＋直説法： 〜する間中ずっと、〜の間。

44 **empujar：** 押す。名詞形は empujón（押すこと）。'dar un empujón a＋人' で「人を突き飛ばす」。
perder de vista： 〜を見失う；（人と）付き合うのをやめる。vista は「視線、視界」の意。

45 **vamos：** さあ。促し・励まし・脅しなどに用いられる間投詞。ir 動詞の一人称複数現在形に由来する。
aunque＋接続法： たとえ〜したとしても；〜かもしれないが。譲歩の意味を表す。 ▶Iré aunque llueva.（たとえ雨でも行くぞ。）
llorar： 泣く、涙を流す。

家事、子育て

46 **Mi hijo está bastante rebelde últimamente. ¿Habrá entrado en la adolescencia?**

最近、息子がかなり反抗的だ。思春期に入ったかな？

47 **Parece que mi hija tiene novio, aunque oficialmente yo, que soy su padre, no estoy enterado de la noticia.**

父親の僕は知らないことになってるけど、娘に彼氏ができたらしい。

48 **Mi mujer y yo compartimos las tareas del hogar equitativamente.**

僕と妻は、家事を公平に分担している。

---

46 rebelde : 反抗的な；反乱の；扱いにくい。 ▶actitud rebelde（反抗的な態度） ▶pelo rebelde（(くせ毛などのせいで)まとめにくい髪）
 adolescencia : 思春期、青年期。durante [en] la adolescencia で「思春期に」。「思春期の若者、青年」を指す名詞は adolescente.

47 oficialmente : 公式に、正式に；表向きは。 ▶Todavía no nos lo han comunicado oficialmente.（それは、まだ私たちに正式に通知されていない。）
 enterado de ... : 〜について知っている。「〜を知る、〜に気づく」は enterarse de ... と言う。

48 compartir : 分け合う；一緒に使う、共有する。 ▶Comparto el piso con mi hermano.（マンションに兄と一緒に住んでいる。）
 tarea del hogar : 家事。tarea de la casa, tarea doméstica と言ってもよい。
 equitativamente : 公平に、公正に。equitativo（公平な）の副詞形。

Aprendiendo a cocinar

Hoy me aventuré a preparar un guiso de ternera. Últimamente me estoy animando a cocinar más por mi cuenta, porque no es sano comer siempre fuera de casa y, además, el bolsillo sufre mucho. Pienso que ser hombre no es ninguna excusa para no cocinar. Como la hice a fuego lento durante más de una hora, la carne quedó muy tierna. El guiso me supo a gloria. De hecho, estoy hinchado de tanto comer. ¡Creo que tengo un don para la cocina!

料理、修行中

今日はビーフシチュー作りに挑戦した。外食ばかりじゃ体によくないし、財布にもひびくから、最近、自炊の回数を増やすようにしている。男だから料理しないなんて、言い訳にもならないと思う。1時間以上弱火で煮込んだので、肉がとても柔らかくなった。最高のシチューだった。実際、たくさん食べ過ぎて、お腹がパンパンだ。俺って料理の才能あるかも！

Notas

aventurarse a＋不定詞： 思い切って〜する；危険を冒して〜する。

guiso： 料理；煮込み料理、シチュー。

ternera： 子牛の肉。「牛肉」全般は carne de vacuno [vaca] と呼ばれるが、ternera, carne de buey（去勢牛の肉）、carne de vaca（雌牛の肉）、carne de toro（雄牛の肉）のように種類を特定して言う場合が多い。

animarse a＋不定詞： 〜する気になる、〜してみる。

por＋所有形容詞＋cuenta： 自分（たち）自身で、ほかの助けを頼まずに；勝手に。▶Nos gusta viajar por nuestra cuenta.（私たちは、自分で計画を立てて自由に旅行するのが好きだ。）

bolsillo： ポケット；所持金；財布。aflojar el bolsillo で「(仕方なく) 財布のひもを緩める」、rascarse el bolsillo で「(仕方なく) 財布の底をはたく」の意。

sufrir： 苦しむ、悩む。

excusa： 弁解、言い訳；口実。no ser excusa para ... で、「〜する言い訳にはならない」の意。

a fuego lento： とろ火で。「強火で」は a fuego vivo [fuerte].

quedar＋〈形容詞・副詞〉： 〜の状態である；〜になる。

tierno： 柔らかい。「幼い；優しい」という意味もある。

saber a gloria： すばらしい味がする。saber（味がする）の代わりに oler を用いると、「すばらしいにおいがする」という意味になる。

de hecho： 現に、実際に；実際は。

hinchado： ふくらんだ、膨張した、腫れた。hinchar（ふくらませる）の過去分詞形。ここでは、食べ過ぎたお腹の状態を表している。

de tanto＋不定詞： あまりに〜し過ぎて、非常にたくさん〜したせいで。

don： 天の恵み；（天賦の）才能。don de gentes は「人をひきつける、あるいは味方にする能力・魅力」、don de mando は「リーダーとしての資質」。

Diario 12

¡Pobrecito!

Hoy no he llevado a mi hijo a la guardería porque está acatarrado. Se despertó con tos y tenía fiebre. Le tomé la temperatura y el termómetro marcaba 38,5 grados. Por la mañana, lo llevé al médico y le recetaron varios medicamentos. Según el médico, no se trata de una gripe, sino de un resfriado común; me sentí aliviada al saberlo. Al llegar a casa, le di la medicina y se quedó dormido. Pero se ve que sufre incluso durmiendo, ¡pobrecito! Ojalá se mejore muy pronto.

かわいそうに！

息子が風邪を引いてしまい、今日は保育園をお休みさせることに。朝起きたら咳をしていて熱っぽかったので、体温を測ったところ38度5分だった。午前中に病院に連れて行って、薬を何種類か処方してもらった。お医者さんによると、インフルエンザではなく普通の風邪だとのことで、とりあえず安心した。家に帰って薬を飲ませたら、すぐに寝ついた。でも、寝ていても苦しそうに見える。かわいそうに！　早く治るといいんだけど。

Notas

pobrecito : かわいそうに。pobre に縮小辞が付いた形の間投詞。縮小辞なしでも同様に使われる。▶¡Pobre!, ha vuelto a suspender. (かわいそうに、彼女、また落第だって。)

guardería : 保育園、託児所、幼稚園。guardería infantil の略。「幼稚園」は jardín de infancia とも言う。

acatarrado : 風邪を引いている。acatarrarse (風邪 (catarro) を引く) の過去分詞形。

tos : 咳。「咳をする」は toser.

fiebre : (病気による) 熱、発熱。tener fiebre で「熱がある」。

temperatura : 温度、体温 (temperatura corporal)。'tomarle la temperatura (a+人)' で「(人の) 体温を測る」。

termómetro : 温度計、体温計。

marcar : ～を表示する、指す；～に印を付ける。名詞形は marca (印、記号)。

recetar : (薬を) 処方する。「処方箋」は receta.

medicamento : 薬、薬剤。medicina も「(総称的に) 薬」の意。「錠剤」は tableta または pastilla,「丸薬」は píldora,「カプセル」は cápsula,「粉薬」は medicamento en polvo,「塗り薬」は ungüento あるいは pomada と言う。

según ... : ～によると。▶según la prensa (報道によると) なお、según の直後が人称代名詞の場合、前置詞格 (例：ti) ではなく主語人称代名詞 (例：tú) を用いる。▶según tú (君によれば；君の考えでは)

no ... , sino ... : ～ではなくて～だ。sino が節を導く場合、sino que ... とする。▶No me insultó, sino que me ignoró por completo. (彼は私を侮辱したのではなく、完全に無視したのだ。)

tratarse de : 問題は～だ、これは～のことだ。三人称単数形で用いられる。▶¿De qué se trata? (何の話ですか？)

gripe : インフルエンザ、流行性感冒。

resfriado : 風邪。catarro とも言う。「風邪を引く」は coger [agarrar] un resfriado [catarro] または resfriarse.

aliviado : 安堵した、ほっとした。名詞形 alivio は「安堵；(苦痛などの) 緩和」、動詞形 aliviar は「(負担・苦痛などを) 軽くする」の意。

al+不定詞 : ～するときに；～なので。

verse que ... : (三人称単数形で) ～と判断される、～のようだ。

incluso : ～でさえも、～ですら。

Ojalá (que)+接続法 : ～でありますように。強い願望を示す。

mejorarse : (病人が) 快方に向かう；(天候が) 回復する。▶Que te mejores pronto. (早くよくなってね、お大事に。)

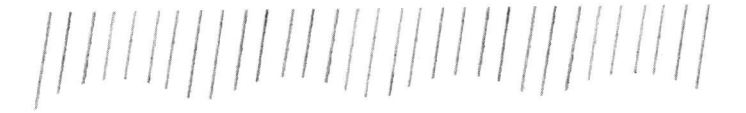

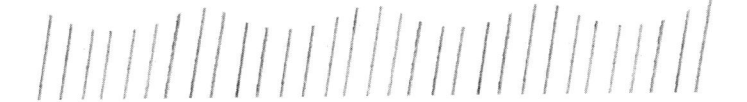

Capítulo 7
Fin de semana en casa

家で過ごす週末

特に外出の予定もなく、うちでのんびり過ごす休日。
DVD鑑賞やSNS、ペットの世話やガーデニング、DIYなど、
インドアで楽しむ趣味のことが表現できます。

Capítulo 7
Fin de semana en casa

(1) Como hoy no tengo ningún plan, iré a alquilar un DVD.

今日は予定もないし、DVDでも借りてこようかな。

(2) ¿Será posible? Mi carné del videoclub está caducado.

まさか！ レンタルDVDショップの会員カードの期限が切れてるなんて。

(3) Vaya, hace tres días que venció el plazo para devolver este DVD.

あーあ、このDVD、3日前に返却期限が過ぎちゃってたんだ。

---

(1) **plan**：計画、予定、心づもり。hacer planesで「計画を立てる」。
   alquilar：賃借りする；賃貸しする。「借りる」と「貸す」の両方の意味で用いられる。

(2) **¿Será posible?**：まさか、ありえない。驚きを表す。
   carné：（身分などを示す）証明書、カード。carné de identidadは「身分証明書」、carné de conducirは「運転免許証」、carné de socioは「会員証」。
   videoclub：レンタルビデオ・DVD店。DVDの普及を受けてdvdclubと呼ぶ場合もあるが、一般にvideoclubのほうが頻繁に用いられる。
   caducado：（有効・賞味）期限の切れた。caducar（期限が切れる）の過去分詞形。

(3) **hace＋時間表現＋que ...**：～前から～している、～前から～の状態である。
   vencer：（期限が）切れる；（契約などが）終了する。ほかに、「（敵を）負かす；（恐怖やコンプレックスに）打ち勝つ」という意味もある。
   plazo：期間、期限。▶plazo de entrega（提出期限）

家で過ごす週末

4
Voy a quitarme el estrés viendo una película que me haga llorar.

泣ける映画を見て、ストレスを解消しよう。

5
Últimamente, lo que más disfruto es escuchar en casa música clásica.

最近のいちばんの楽しみは、家でクラシック音楽を聴くことだ。

6
No tiene sentido tener un reproductor de CD muy bueno, si tus auriculares son de baja calidad.

どんなにいい CD プレーヤーを持っていても、ヘッドホンの質が悪ければ意味がない。

---

4) quitar: 取り除く；奪う。再帰用法で「自分自身の〜を取り除く」を意味する。quitarse el estrés は「自分自身のストレスを取り除く」、つまり「ストレスを解消する」。
llorar: 泣く、涙を流す。hacer llorar で「泣かせる」。▶ No llores, por favor.（お願いだから、泣かないで。）

5) lo que más ...: 最も〜すること。lo que más disfruto で「私が最も楽しく感じること」。
disfrutar: 楽しむ；享受する。
música clásica: クラシック音楽。música moderna は「現代音楽」、música folclórica は「民族音楽」、música pop は「ポップス」、música rock は「ロック」。

6) tener sentido:（三人称単数形で）意義・意味がある。否定で「無意味だ」。例文では tener 以下の不定詞句が主語。
reproductor: 再生装置、プレイヤー。reproductor de CD で「CD プレイヤー」。
auriculares: イヤホン、ヘッドホン。単数形 auricular は「受話器」を意味する。
calidad: 質、質の高さ。de baja [buena] calidad で「低[高]品質の」。▶ control de calidad（品質管理）

Capítulo 7
Fin de semana en casa

(7) He terminado de leer el manga que me dejó un amigo. ¡Ya estoy deseando leer el siguiente tomo!

友だちに借りた漫画を読み終えた。早く次の巻が読みたい！

(8) He leído de un tirón la última obra de mi novelista favorito.

お気に入りの小説家の最新作、一気に読んじゃった。

(9) Bueno, como está lloviendo, me dedicaré a editar el vídeo de mi último viaje.

さてと、雨だし、この前の旅行のビデオを編集することにしよう。

---

(7) terminar de＋不定詞： ～し終える。
　manga： 漫画。スペイン語では、男性名詞として定着している。
　dejarle（a＋人）： （人に）～を貸す。
　desear＋不定詞： ～したいと思う。
　tomo： 巻、分冊。▶Esta obra se publicará en dos tomos.（この作品は、2巻に分けて出版される。）

(8) de un tirón： 一度で、一気に。▶He dormido dos días enteros de un tirón.（私は2日間丸々、ぶっ続けに寝た。）なお、tirón は「一気に引っ張ること」の意。
　último： 最後の；最新の。▶última moda（最新のファッション）
　obra： 作品；作業、仕事；事業。
　novelista： 小説家。「小説」は novela.

(9) dedicarse a＋不定詞： ～に従事する、専念する。
　editar： 編集する；出版する。「編集者」は editor, 「出版社」は editorial と言う。

家で過ごす週末

10
Cuando toco el piano, se me pasa el tiempo volando.

ピアノを弾いていると、あっという間に時間が経つ。

11
El mes que viene los alumnos de la escuela daremos un recital. ¡Cómo odio cantar en público!

来月は教室の発表会がある。人前で歌うのって、本当にいやだな。

12
Me gustaría practicar la guitarra. ¿Sería demasiado molesto para los vecinos?

ギターの練習をしたいけど、近所迷惑になるかな？

---

10 tocar：(楽器を)弾く、(曲を)演奏する。▶tocar el piano (ピアノを弾く) ▶tocar la guitarra (ギターを弾く) ▶tocar una pieza de Mozart (モーツァルトの作品を一曲弾く)
pasarse：過ぎ去る、終わる。例文では、間接目的語 me を加えることで、「私にとって」あっという間に（=volando）時が経つことを示している。
volar：飛ぶ；急いで行く；(時が)あっという間に過ぎる。▶Al recibir la noticia, salí volando de casa. (私は知らせを受けると、家を飛び出した。)

11 recital：リサイタル；朗読会。「コンサート」は concierto, 「公演；演技」は actuación, 「上演、公演」は representación.
odiar：憎む、嫌いである。〈＋不定詞〉で「～するのが嫌いだ、いやだ」という意味。
en público：公に、人前で。

12 practicar：練習する。練習する楽器などを、前置詞 con で導入する場合もある。
molesto：迷惑な、煩わしい；不愉快な。名詞形は molestia (迷惑、やっかい)、動詞形は molestar (迷惑をかける、邪魔をする)。
vecino：隣人、近所の人。

Capítulo 7
Fin de semana en casa

(13) Intentaré acabar los deberes de la clase de español aprovechando el fin de semana.

週末を利用して、スペイン語教室の宿題を片付けちゃおう。

(14) Hoy sin falta voy a ordenar las fotos que tengo acumuladas en mi tarjeta SD.

SDカードに大量にたまってる写真、今日こそ絶対に整理するぞ！

(15) Como mi novia y yo mantenemos una relación a distancia, solemos comunicarnos por Skype.

彼女とは遠距離恋愛なので、Skypeで通話することが多い。

---

(13) intentar+不定詞：～しようとする、～しようと思う。
　aprovechar：利用する、活用する。

(14) sin falta：必ず、確実に。▶Llámame sin falta.（必ず電話してね。）
　ordenar：整頓する；（きちんと）並べる。
　tener+過去分詞：（～の状態に）している、～してある。
　acumulado：蓄積された；集められた。acumular（蓄積する；集める）の過去分詞。
　tarjeta SD：SDカード。tarjeta de memoria は「メモリーカード」、memoria USB は「USBメモリー」、disco duro externo は「外付けハードディスク」。

(15) mantener：保つ；固持する；（関係・交渉を）持つ。
　relación：関係；交際。tener buenas [malas] relaciones con ... で「～と親しく［敵対］している」の意。
　a distancia：遠くに、遠くから；遠距離の。▶educación a distancia（通信教育）
　soler+不定詞：～するのを常とする、よく～する。
　comunicarse：（互いに）連絡する；つながる；伝わる。

家で過ごす週末

(16) Me da pereza cambiarme. Me quedaré en pijama hasta el mediodía.

着替えるのは面倒だから、お昼までパジャマのまま過ごそう。

(17) Los tulipanes del jardín están a punto de florecer.

庭のチューリップがもうすぐ咲きそう。

(18) La albahaca tiene las hojas mustias. Tengo que regarla.

バジルの葉っぱがしおれてる。水をあげなきゃ。

---

(16) **darle pereza (a+人)**：（人にとって）面倒だ。
 cambiarse：着替える。「〜を着替える」と言う場合は、前置詞 de を用いて cambiarse de ropa（服を着替える）、cambiarse de zapatos（靴を履き替える）のようにする。
 quedarse＋〈形容詞・副詞〉：〜の状態になる；〜のままである。
 mediodía：正午；昼食時。「南、南方」の意味もある。「真夜中」は medianoche.

(17) **tulipán**：チューリップ。azalea は「ツツジ」、camelia は「ツバキ」、clavel は「カーネーション」、girasol は「ヒマワリ」、narciso は「スイセン」、violeta は「スミレ」。
 jardín：庭、庭園；公園。
 estar a punto de＋不定詞：今にも〜しそうだ。
 florecer：花が咲く、開花する；栄える。

(18) **albahaca**：バジル、バジリコ。
 hoja：葉；紙片。▶Pon tu nombre en esta hoja.（この紙にあなたの名前を書いてね。）
 mustio：元気のない、しおれた、しなびた。
 regar：水をまく、かける；ばらまく。

Capítulo 7
Fin de semana en casa

(19) Cómo se nota que no he estado cuidando el jardín. Está lleno de malas hierbas.

庭の手入れしてなかったの、一目瞭然だな。雑草だらけだ。

(20) Venga, voy a terminar de recortar los setos antes de que apriete el calor.

よし、暑くなる前に垣根の刈り込みを済ませよう。

(21) Mi balcón no recibe mucho sol.

うちのバルコニーは日当たりがいまいちだ。

---

(19) **notarse que＋直説法：**（三人称単数形で）～と感じられる、見てとれる。
　cuidar：世話をする、手入れをする；気を配る。
　hierba：草、ハーブ。mala hierba は「雑草」。▶finas hierbas（各種のハーブを細かく刻んだもの）なお、hierba は俗語で「マリファナ」の意味もある。

(20) **venga：**さあ；わかった；まさか。促し・同意・不信などを表す。
　recortar：短く切る、刈る、切り抜く；削減する。▶recortar el flequillo（前髪を切る）
　seto：生け垣；囲い。
　antes (de) que＋接続法：～するより前に、～しないうちに。
　apretar：（自然現象・状況などが）厳しくなる、激しくなる、程度が強まる。apretar el calor で「暑さが厳しくなる」。他動詞としては「強く押す；握り締める；締め付ける」などの意味で用いられる。

(21) **balcón：**バルコニー、見晴らし台。
　recibir：受け取る；迎え入れる；迎えに行く。

家で過ごす週末

22
Los tomates cherry se están poniendo rojos. Los recogeré pronto.

ミニトマトが赤くなってきた。そろそろ収穫しよう。

23
Esta tarta de chocolate me ha salido muy bien para ser la primera vez.

このチョコレートケーキ、初めてにしては上手にできた。

24
Me apetecería pedir comida a domicilio, pero no me atrevo a abrir la puerta de la calle con esta pinta.

出前を取りたいけど、この格好で玄関に出る勇気ないなあ。

---

22 **tomate cherry**：プチトマト、チェリートマト。mini tomate とも呼ばれる。
ponerse＋〈形容詞・副詞〉：～の状態になる、～に変わる。
recoger：拾う；集める；迎えに行く；(果実などを) 摘む、収穫する。

23 **tarta**：ケーキ、パイ。
salirle (a＋人)＋〈名詞・形容詞・副詞〉：(人にとって) ～の結果になる。salirle bien で「よくできる、よい結果になる」の意。
para：～としては、～のわりには。判断の基準を表す。 ▶ Mi hijo está muy alto para su edad. (私の息子は年齢のわりに背がとても高い。)

24 **apetecerle (a＋人)＋不定詞**：(人が) ～したい、～することを欲する。
comida a domicilio：出前、料理のデリバリー。
atreverse a＋不定詞：思い切って～する；あえて～する。
puerta de la calle：玄関、建物の外に通じる扉。同じ意味の表現として puerta principal や puerta de entrada もよく使われる。
pinta：外見、見た目。

Capítulo 7
Fin de semana en casa

(25) No pensé que colocar un espejo en la pared fuera a costarme tanto trabajo.

鏡を壁に取りつけるのが、こんなに大変なんて思わなかった。

(26) Al final, me ha llevado todo el fin de semana montar la estantería.

棚を組み立てるのに、結局、週末まるまる費やしちゃった。

(27) Tengo que darles de comer a mis tortuguitas.

カメちゃんたちに餌をあげなくちゃ。

---

(25) pensar que ...： 〜と思う。例文では、主節が否定を含む過去形なので、従属節の 'ir a＋不定詞' が接続法過去形で 'fuera a＋不定詞' となっている。
  colocar： 置く、配置する。
  espejo： 鏡。▶espejo retrovisor（バックミラー）▶espejo de mano（手鏡）
  pared： 壁。
  costarle (a＋人) trabajo：（人にとって）やっかいだ、大変だ、手間がかかる。

(24) llevar＋時間表現：（時間が）かかる、必要となる。主語は、名詞、不定詞のいずれでも OK。「〜にとって」と人を特定する場合は、間接目的語で表す。
  montar： 組み立てる；乗る；（事業などを）起こす。
  estantería： 棚、本棚。

(27) dar de comer： 食べさせる、餌をやる。ほかに dar de beber [mamar]（飲ませる［授乳する］）の組み合わせでも用いる。
  tortuga： カメ。▶a paso de tortuga（とてもゆっくりと；直訳は「カメの歩みで」）tortuguita は tortuga に、小ささや親愛の気持ちを表す縮小辞 -ita が付いた形。

家で過ごす週末

28. Mi periquito es muy sociable.
うちのインコは人なつっこい。

29. Nuestro perro ladra cada vez que ve a un desconocido.
うちの犬は知らない人を見るとすぐほえる。

30. Desde que tengo a Neo, mi casa está llena de pelos.
ネオを飼い始めてから、家中が毛だらけだ。

---

(28) periquito: セキセイインコ、(一般に)小型インコ。loro は「オウム」、canario は「カナリア」。
sociable: 社交的な、愛想のよい；(動物が) 人に慣れやすい。反意語としては、insociable (非社交的な)、arisco (無愛想な)、tímido (内気な) などがある。

(29) ladrar: (犬が) ほえる。「(人が) 口で脅す；ののしる」という意味でも使われる。
cada vez que + 〈直説法・接続法〉: ～するたびに、～すればいつでも。発話と同時、またはそれより過去のことは直説法で、発話時から見て未来に関することは接続法で表す。
▶ Cada vez que me necesites, estaré contigo. (君が僕を必要とするときは、いつでもそばにいてあげる。)
desconocido: 知らない人。「未知の、知らない；知られていない」を意味する形容詞用法もある。動詞形は desconocer (知らない、わからない)。

(30) desde que ...: ～して以来。que のあとは主に直説法が使われる。

Capítulo 7
Fin de semana en casa

(31) **Hemos mimado demasiado a nuestro perro y ahora ya no nos obedece.**

うちの犬、甘やかしすぎたせいか、もはや言うことを聞かなくなった。

(32) **Me gustaría jugar con mi gato, pero casi siempre lo encuentro dormido.**

猫と遊びたいのに、たいてい寝てるんだよね。

(33) **Tengo que pintar la caseta del perro. No me dejan descansar ni siquiera los fines de semana.**

犬小屋のペンキ塗りしなきゃ。週末もろくに休ませてもらえない…。

---

(31) mimar：甘やかす、かわいがる。形容詞形は mimado（甘えた、甘やかされた）。
obedecer：（命令や人に）従う、服従する。形容詞形は obediente（従順な）、名詞形は obediencia（服従；遵守）。

(32) encontrar+〈a+人・物〉+〈形容詞・副詞〉：（人・物が）〜だとわかる；（人・物を）〜の状態で見つける。
dormido：寝ている。「ぼんやりした；（手足などが）しびれた」という意味もある。

(33) pintar：（ペンキなどで）塗る、塗装する；絵を描く；（人に）化粧をする。
caseta：小屋；露店、スタンド。casa（家）に縮小辞 -eta が付いた形に由来する。
dejarle（a+人）+〈不定詞・que+接続法〉：（人が）〜するのを容認する、〜させておく。
▶Le dejaré que coma lo que quiera.（彼には好きなものを食べさせよう。）
siquiera：（否定で）〜さえも〜ない。ni siquiera とすると強調の度合いがより高まる。▶No he dormido ni siquiera una hora.（1時間さえ寝ていない。）

家で過ごす週末

Antonio está siendo muy constante con la actualización de su blog.
34
アントニオ、ブログ更新に関しては、すごくマメに頑張ってる。

Voy a subir a Facebook algunas fotos de mi último viaje.
35
こないだの旅行の写真を Facebook にアップしよう。

Pincharé en "me gusta" en el comentario de Pilar.
36
ピラールのコメントに「いいね！」を押そうっと。

---

34 **constante :** 恒常的な、絶え間ない；粘り強い。名詞形は constancia (恒常性；粘り強さ；証拠)。
actualización : 現代化；(主に IT 分野で) アップデート、更新。動詞形は actualizar (現状に適合させる；アップデートする、更新する)。
blog : ブログ。男性名詞として使われる。

35 **subir :** (IT 分野で) アップロードする。cargar とも言う。「ダウンロードする」は、bajar または descargar と言う。

36 **pinchar :** 突く、刺す；刺激する；(IT 分野で) クリックする。
"me gusta" : 私は (これが) 好きだ。Facebook 上で、日本語の「いいね！」に相当する。
「投稿する」は publicar,「シェアする」は compartir,「友だちリスト」は lista de amigos.

Capítulo 7
Fin de semana en casa

(37) Es arriesgado quejarte de tu trabajo en las redes sociales; no sabes nunca quién te está leyendo.

誰が見てるかわからないし、SNSで職場に対する愚痴を書くのは危険だ。

(38) No me hace gracia publicar fotos mías en internet.

ネット上に自分の写真を出すのって、あんまり気が進まない。

(39) Que no se me olvide mandarle un mensaje de felicitación a Alicia; hoy es su cumpleaños.

アリシアにお祝いメッセージ送るの、忘れないようにしなきゃ。今日が誕生日だもんね。

---

(37) **arriesgado**：危険な、リスクの高い；無謀な。動詞形は arriesgar(se)（(自らを) 危険にさらす、危険を冒す）。
quejarse (de ...)：(〜を) 嘆く、不平を言う；うめく。
red social：ソーシャルネットワーク、SNS。
saber＋間接疑問文：〜かわかる、〜か知っている。▶ No sabemos qué hiciste.（君が何をしたか、私たちは知らない。）

(38) **hacerle gracia (a＋人)**：(人の) 気に入る、(人が) 面白いと感じる。否定で「気に入らない、気が乗らない」の意で使うことが多い。ここでは publicar 以下の不定詞節が主語。
publicar：公表する；出版する；(出版物に) 載せる。

(39) **que＋接続法**：〜させろ、〜するようにしろ。間接命令を表す。ここでは自分自身に対して「忘れないように」と言い聞かせている。
olvidársele (a＋人)：(人は) 〜をうっかり忘れる。
mandar：送る、送信する；命令する。
felicitación：お祝い；祝賀の手紙 [言葉]。動詞形は felicitar（祝う）。

家で過ごす週末

40
Últimamente estoy enganchado a juegos de *smartphone*; son ideales para matar el tiempo.

最近、スマホのゲームにはまってる。暇つぶしにはぴったりだ。

41
Procuro eliminar de mi teléfono móvil las aplicaciones que apenas utilizo.

あまり使わないアプリは、携帯から削除するようにしている。

42
He pasado el día sin pisar la calle.

家から一歩も出ないまま、一日が終わってしまった。

---

40 engancharse： 引っかかる；(口語で) はまる。
juego： 遊び；ゲーム；試合。
***smartphone*：** スマートフォン。teléfono inteligente という訳語も使われている。
ideal： 理想的な。ideal para ... で「〜に最適な」。
matar el tiempo： 暇をつぶす。直訳は「時間を殺す」。

41 procurar＋〈不定詞・que＋接続法〉： 〜に努める、〜しようとする。
eliminar： 除去する、排除する。
aplicación： 応用；(IT 分野で) アプリケーションソフト。
apenas： ほとんど〜ない。

42 pasar： (時を) 過ごす、(生活を) 送る。 ▶Pasaré las vacaciones en la playa. (私はバカンスを海辺で過ごす。)
sin＋不定詞： 〜せずに。
pisar： 踏む；(主に否定文で)(場所に) 足を踏み入れる。no pisar la calle で「外に出ない」。
▶No volveré a pisar aquella tienda. (二度とあの店には行かない。)

Diario 13

Luna, un miembro más de la familia

Hoy hace un año que Luna está con nosotros. Al principio no era más que un cachorro diminuto, pero ha crecido mucho. Cuando llego a casa, siempre me recibe moviendo la cola con alegría y eso me hace muy feliz. El cuidado de perros requiere cierta dedicación, ya que tenemos que sacarlos a pasear, darles de comer, bañarlos, etc. Pero me relaja mucho jugar con Luna y me hace olvidar los problemas de la vida diaria. Sé que esto no es muy objetivo; pero creo que no existe ningún perro tan bonito como el mío.

家族の一員、ルナ

愛犬ルナがうちに来てから、今日で1年。最初はあんなに小さい子犬だったのに、だいぶ大きくなったなあ。私が帰宅すると、いつも嬉しそうにしっぽを振って出迎えてくれ、すごく幸せな気分にさせてくれる。お散歩に連れて行ったり、ごはんをあげたり、お風呂に入れたり、犬の世話には手間もかかる。でも、ルナと遊んでいると癒やされて、日常のいやなことも忘れられる。客観的と言えないのはわかってるけど、こんなにかわいい犬はほかにいないと思う。

Notas

hacer＋時間表現＋que ... : （三人称単数形で）～して（特定の時間が）経つ。
al principio : 初めは、初めに。
no ser más que ... : ただ～でしかない、単なる～である。▶ Esto no es más que una ocurrencia.（これは単なる思いつきに過ぎない。）
cachorro : （動物の）子；（特に）子犬。
diminuto : 非常に小さい。
crecer : 成長する、育つ；増大する；（月・潮が）満ちる。
recibir : 受け取る；迎え入れる；迎えに行く。
cola : しっぽ；行列。
alegría : 喜び、楽しさ、楽しみ。形容詞形は alegre（嬉しい；陽気な）。
hacer＋〈名詞・形容詞〉: ～にする；～に任命する。hacer feliz で「幸せ（な気分）にする」。
cuidado : 世話、手入れ；配慮；心配。「気をつけて！」という意味で、間投詞としても使われる。
requerir : ～を必要とする。
cierto＋名詞 : ある～；いくらかの、ある程度の～。cierto は「確実な、疑いない」の意味でも用いられるが、この場合は、名詞に後置される。▶ cierta noticia（あるニュース）▶ noticia cierta（確かなニュース）
dedicación : 献身、専念；職業；献納。
ya que ... : ～なので；～であるからには；～したときに。
pasear : 散歩する；散歩させる、連れ歩く。sacar a pasear で「散歩に連れて行く、散歩に連れ出す」。
dar de comer : 餌をあげる、食べさせる。また、dar de beber は「飲ませる」、dar de mamar は「授乳する」の意。
bañar : 入浴させる、お風呂に入れる。「入浴する」は再帰形の bañarse を用いる。
relajar : （力などを）緩める；リラックスさせる。
hacer＋不定詞 : ～させる。使役の意味を表す。
diario : 毎日の、日々の。vida diaria で「日々の生活」。
objetivo : 客観的な；偏見のない。「主観的な、個人的な」は subjetivo．

Diario 14

Redes sociales

Hoy, al entrar en Facebook después de algún tiempo, encontré una solicitud de amistad enviada por una compañera de promoción del instituto. Su nombre me hizo recordar aquellos años y me puse un poco nostálgica. Acepté la solicitud e inmediatamente accedí a su página. Así me he enterado de que ella vive ahora en Nagoya, está casada y tiene un hijo. En su biografía tiene publicadas muchas fotos de su precioso niño. Las redes sociales nos permiten mantener el contacto incluso con aquellos amigos y conocidos que viven lejos o con los que apenas coincidimos. Creo que es esta, precisamente, una de las ventajas de las redes sociales.

ソーシャルネットワーク

今日、久しぶりにFacebookにログインしたら、高校のときのクラスの同級生から友だち申請が来ていた。彼女の名前を見たら、あの頃を思い出して、少し懐かしい気分になった。リクエストを承認して、早速ページにアクセスしてみる。それで、彼女が今、名古屋に住んでいて、結婚して男の子が一人いるということがわかった。タイムラインには、かわいらしいお子さんの写真がたくさん投稿されていた。SNSは、遠くに住んでいたり、めったに会う機会がない友だちや知り合いと、コンタクトを取り合うことを可能にしてくれる。これはSNSの利点のひとつだと思う。

Notas

al＋不定詞： ～のとき、～したとき。
solicitud： 申請、申し込み；心遣い。solicitud de amistad は「(SNS などでの) 友だち申請」。動詞形は solicitar (申請する)。
amistad： 友情。
promoción： 同期生、同期の仲間。「昇進、進級；販売促進；進行」の意味もある。
instituto： (国公立の) 高等学校、専門学校；研究所；協会、組織。私立の高等学校は colegio と呼ばれる。
recordar： 思い出す、覚えている。
ponerse＋〈形容詞・副詞〉： ～になる、～に変わる。
nostálgico： ノスタルジックな、郷愁に満ちた。名詞形は nostalgia (ノスタルジー)。
aceptar： 受け入れる；賛成する。
inmediatamente： 即座に、直ちに。
acceder a ...： ～に同意する、～を承認する；～に到達する；(IT 分野で) ～にアクセスする。
página： ページ。▶¡Bienvenido a mi página web! (私のホームページへようこそ！)
enterarse de que＋直説法： ～を知る、～に気づく。
casado： 結婚している、既婚の。反対は soltero (独身の、未婚の)。
biografía： 「伝記」の意味だが、Facebook 上では、日本語表示における「タイムライン」に相当する。
tener＋過去分詞： (～の状態に) している、～してある。
publicado： 公表された；出版されている；(出版物に) 載っている。publicar (公表する；出版する；載せる) の過去分詞形。
precioso： かわいい、きれいな；貴重な、大切な。
permitirle (a＋人)＋〈不定詞・que＋接続法〉： (人が) ～することを許可する、可能にする。
mantener： 保つ；固持する；(関係・交渉を) 持つ。
incluso： ～でさえ、～ですら。
conocido： 知り合い、知人。「よく知られている、有名な」という形容詞用法もある。
apenas： ほとんど～ない。
coincidir con ...： ～と居合わせる；同時に起こる；一致する。
precisamente： ちょうど、まさしく；正確に。
ventaja： 利点、長所；優位。「短所、不利な点」は desventaja,「不都合、難点」は inconveniente,「下位、劣勢」は inferioridad.

Apuntes varios

El bricolaje: más allá de una mera afición
趣味レベルを超えた DIY

　日本の場合、DIY（英語の Do It Yourself（自分で作ろう）の略）と言うと、余暇に楽しむ趣味（afición）としてのイメージが強いのではないでしょうか。スペインで DIY や日曜大工は、主に bricolaje と呼ばれていますが、もはや趣味の域を超え、プロ（profesional）並みの腕を誇る人が多く、驚かされます。例えば、窓枠のペンキ塗り（pintura）や棚の修理（reparación）にとどまらず、窓枠を含む窓全体を取り替えたり、お風呂場（cuarto de baño）のタイルを張り替えたりする「素人（aficionados）」も、さほど珍しくはありません。

　しかし、この差はどこから来るのでしょう？　もしかしたら、スペインでは「必要にかられて（por necesidad）」DIY を始める人が多いことと関連があるのかもしれません。お金を払って専門の業者に頼んでも、まず約束の時間（hora acordada）に来ない、やっと来ても雑な仕事（chapuza）をされるなど、なかなか満足な結果が得られない。それなら！と一念発起して、試しに蛇口（grifo）を取り替えてみたら意外にも自分でできた、じゃあ次はキッチンシンク（fregadero）の交換にトライしてみようかな、といった具合に挑戦（desafío）を重ねるうちに、上達していく。そんなケースが多いようです。自分の家なので、おのずから仕事も丁寧になるし、安上がり（económico）なのも魅力ですね。スペインの人々の DIY 熱、なかなか下がる様子はありません。

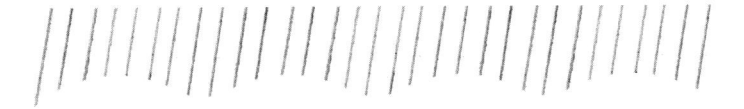

Capítulo 8
Viajes y otras actividades de ocio

旅行、外出、娯楽

近場へのお出かけや、海外旅行、レジャー、スポーツなど、
アクティブに過ごす休日にぴったりです。

Capítulo 8
Viajes y otras actividades de ocio

1. Este acuario es famoso por su espectáculo de orcas. No podemos perdérnoslo.

この水族館は、シャチのショーが有名だ。見逃さないようにしないと。

2. No sé cuánto hace que no venía a un zoo.

動物園って、どのくらい来てなかったかな？

3. Reconozco que yo estoy disfrutando más que mis hijos.

認めよう。子どもたちより、自分のほうが楽しんでるってこと。

---

1 **acuario**：水槽；水族館。「みずがめ座、みずがめ座生まれの人」の意味でも用いられる。
famoso por ...：〜で有名な、名高い。
espectáculo：見せ物、ショー；光景。形容詞形は espectacular（人目を引く、壮観な；興行の）。
orca：シャチ。delfín は「イルカ」、lobo marino は「アシカ」、oso marino は「オットセイ」、foca は「アザラシ」。
perderse：〜を見逃す、聞き逃す。perder の再帰用法。ほかに、「道に迷う；なくなる；堕落する；自制心を失う」などの意味もある。

2 **hacer＋時間表現＋que ...**：（三人称単数形で）〜して（ある時間）経つ。
zoo：動物園。(parque) zoológico の省略形。

3 **reconocer que＋直説法**：〜と認める、認識する。

旅行、外出、娯楽

4
En nuestra familia, a todos nos encantan los parques temáticos.
うちは一家揃ってテーマパークファンなんだ。

5
Basta ya de tráilers, ¡que empiece la sesión!
予告編はもういいから、早く上映開始して！

6
¡Ha sido espectacular! Para ver una película de acción, nada mejor que la pantalla de un cine.
迫力あったなあ！　アクション映画を見るなら、劇場の画面に限るね。

---

4 encantarle (a＋人)：（人は）〜が大好きである。gustar より強調的な意味になる。
parque temático：テーマパーク。「遊園地」は parque de atracciones.

5 bastar de ...：（三人称単数現在形で）〜はもうたくさんだ；〜はもう十分だ。
tráiler：（映画の）予告編。avance とも言う。
que＋接続法：〜させろ、〜するようにしろ。間接命令の意味を表す。
sesión：上映、上演；集まり；（一回ごとの）診療。

6 acción：行動；作用；身振り、演技。película de acción で「アクション映画」。▶ hombre de acción（行動的な人）▶ campo de acción（活動分野、行動範囲）
(no haber) nada mejor que ...：（三人称単数形で）〜に勝るものはない。ここでは、no hay が省略されている。
pantalla：スクリーン、画面；遮蔽物；（電灯やランプの）シェード。

Capítulo 8
Viajes y otras actividades de ocio

(7) Hoy he venido a la exposición de cuadros de un amigo.

今日は友だちの画展に来た。

(8) Pero no puedo ni saludarlo porque está rodeado de mucha gente.

でも、彼、たくさんの人に囲まれてて、挨拶もできない。

(9) Los dinosaurios de esta exposición especial están tan logrados que parecen estar vivos.

この特別展の恐竜たち、すごくよくできていて、まるで生きてるみたいだ。

---

(7) **exposición**：展覧会、展示会；露出；論述。exposición de cuadros で「絵画展」。
　　cuadro：絵。cuadro al óleo は「油絵」。「水彩画」は acuarela と言う。

(8) **ni**：～さえ(～ない)。否定の強調。
　　saludar：挨拶する。名詞形は saludo.
　　rodeado de ...：～に囲まれている、包囲されている。動詞形は rodear(囲む、包囲する；一周する)。

(9) **dinosaurio**：恐竜。「ティラノサウルス」は tiranosaurio,「イグアノドン」は iguanodonte,「ステゴサウルス」は estegosaurio.
　　tan+〈形容詞・副詞〉+que ...：あまりに～なので～だ。
　　logrado：よくできた。lograr (達成する；成功する)の過去分詞形。
　　parecer+不定詞：(～する・である)ように見える。▶Mi amigo parece tener graves problemas. (僕の友だちは深刻な問題を抱えているようだ。)
　　vivo：生きている；生き生きとした。▶colores vivos (鮮やかな色)

旅行、外出、娯楽

10
¡Qué pena que el museo esté cerrado hoy!
美術館が今日閉まってるなんて、残念！

11
No sabía que se podía ver un espectáculo de flamenco tan genuino en Tokio.
東京で、こんなに本格的なフラメンコショーが見られるなんて。

12
Los conciertos al aire libre tienen un ambiente excitante y único.
野外コンサートって、刺激的で独特な雰囲気がある。

---

10 qué pena que＋接続法： ～とは残念だ。que 以下を明示しない ¡Qué pena! (残念！) の形もよく用いられる。pena は「苦痛、悲しみ；苦労、罰」の意味。
museo： 博物館、美術館。

11 poderse＋不定詞： (三人称単数で) 一般に～できる、～してもよい。▶¿Aquí se puede fumar? (ここ、煙草吸えますか？)
genuino： 純粋な；本物の、正真正銘の。

12 al aire libre： 屋外の、屋外で。
ambiente： 環境；雰囲気。
único： 唯一の；特異な、独特の、ユニークな。
excitante： 刺激的な、興奮を呼び起こす；(飲食物が) 刺激性の。動詞形は excitar (刺激する、興奮させる)、名詞形は excitación (興奮、刺激；活性化)。

Capítulo 8
Viajes y otras actividades de ocio

13 ¡Me ha sonado el móvil en un concierto de música clásica! ¡Trágame, tierra!

クラシックコンサートで携帯が鳴るなんて！　穴があったら入りたい。

14 Prefiero ir de compras sin acompañamiento.

ショッピングには一人で行くほうがいい。

15 Así puedo probarme toda la ropa que quiera.

そうすれば、好きなだけ試着できるしね。

---

13 **sonar**：鳴る；音を立てる。ここでは、間接目的語 me によって「私の携帯が鳴った」ことを示している。
¡Trágame, tierra!：穴があったら入りたい。直訳は「地面よ、私を飲み込んでくれ」。

14 **preferir＋〈不定詞・que＋接続法〉**：〜することを好む、〜するほうがいい。比較の対象は、前置詞 a で導入する。▶Prefiero quedarme en casa a salir con ellos.（彼らと出かけるより、家にいたい。）
ir de compras：買い物に行く、ショッピングに行く。
acompañamiento：同伴、一緒にいること；お供；伴奏；（料理の）付け合わせ。動詞形は acompañar（一緒に行く・いる；伴う）。

15 **probarse**：（洋服などを）試着する、試してみる。probar（試す）の再帰用法。
todo＋定冠詞＋名詞＋que ...：〜する全てのもの・こと・人。▶Devuelve todo el dinero que robaste.（盗んだお金を全て返しなさい。）〈que＋接続法〉の場合、「〜するもの・こと・人があるなら、何・どれだけであれ、全て」というニュアンスになる。▶Te regalaré todos los libros que te interesen.（興味のある本があれば、どれでも君にあげるよ。）

旅行、外出、娯楽

16
¿Este bolso, a este precio? ¡Es una auténtica ganga!

このバッグがこの値段？　正真正銘のお買い得品だ。

17
¿Cuánto tardas en elegir una maqueta de plástico? Decídete ya.

(子どもに) プラモひとつ選ぶのに、いつまでかかってるの？　もう決めなさいね。

18
¿Eh? ¿Que están agotadas las entradas para el fin de semana?

えー、週末公演のチケットが売り切れですって？

---

16 precio：値段、価格。「(ある)値段で、いくらで」と金額を示す場合は、前置詞 a を用いる。
  ▶ ¿A qué precio lo compraste? — A cincuenta euros. (それ、いくらで買ったの？ —50ユーロ(で買ったよ)。)
auténtico：本物の、真の；真実の。
ganga：掘り出し物、特価品。

17 tardar＋時間表現＋en＋不定詞：〜するのに(ある時間)かかる。
maqueta：模型；レイアウト。maqueta de plástico で「プラモデル」を指す。
decidirse：(熟考した上で)決心する。decidir (決める) よりも、「いくつかの選択肢から選んで決める」という意味合いが強くなる。

18 ¿Que ... ?：〜だって？、〜と言うのか？　驚きや反問を表す。
agotado：空になった、売り切れた；疲れ果てた。動詞形は agotarse (空になる、なくなる；疲労困ぱいする)。

Capítulo 8
Viajes y otras actividades de ocio

(19) Creo que pronto te va a tocar conducir. Cuidado con el límite de velocidad.

そろそろ君が運転する番だよ。制限速度に気をつけてね。

(20) ¿Paramos en la siguiente área de servicio para descansar?

次のサービスエリアで止まって休憩しようか？

(21) Creo que a este navegador GPS le gustan las autopistas.

このカーナビ、高速が好きみたいだよね。

---

(19) tocarle (a+人)+不定詞： (人に) 〜する番が回ってくる、(人が) 〜するときである。
conducir： 運転する；導く。「運転」は conducción,「運転手」は conductor.
cuidado con ...： 〜に気をつけろ、注意しなさい。
velocidad： 速度、速さ、スピード。límite de velocidad で「制限速度」。

(20) parar： 止まる、止める。
área de servicio： サービスエリア。「ガソリンスタンド」は gasolinera. なお、área や agua のように、母音の [a] で始まる女性名詞の単数形に定冠詞を直接付ける場合、定冠詞は el が使われる。ただし、ここでは定冠詞と área の間に形容詞 siguiente が挟まっているため、la が用いられている。
descansar： 休む、休憩する；休ませる。名詞形は descanso.

(21) navegador： (IT 分野で) ナビゲーター；ブラウザ。もともとは「航海者、航行者」の意味。「カーナビ」の場合は navegador GPS と呼ばれることが多い。
autopista： 高速道路。

旅行、外出、娯楽

(22) Se nota que es un sábado de puente: vaya a donde vaya, está lleno de turistas.

連休の土曜だけあって、どこもかしこも観光客だらけだ。

(23) Perdone, ¿podría sacarnos una foto?

(近くの人に) すみません、写真を撮っていただけますか？

(24) Por culpa de la muchedumbre, he perdido de vista a mis amigos.

人ごみのせいで、友だちを見失っちゃった。

---

(22) **notarse que＋直説法：** (三人称単数形で) 〜と感じられる、見てとれる。
  puente： 橋；連休(正確には、休日に挟まれた平日を休みにすることで得られる連休)。
  vaya a donde vaya： どこへ行っても。vaya は ir 動詞の接続法現在一人称単数形。一般に '接続法＋関係詞＋接続法' は、現在・未来に関する譲歩を表す。▶venga quien venga (誰が来ようと) ▶estés donde estés (君がどこにいようと)
  turista： 観光客。turismo は「観光」。

(23) **perdone：** すみません。「許す」という意味の perdonar の usted に対する命令形。
  foto： 写真。fotografía の省略形。sacar una foto は「写真を撮る」。'sacarle una foto (a＋人)' で「(人の(ために)) 写真を撮る」の意。

(24) **culpa：** (過ちの) 責任；落ち度；罪。por culpa de ... は「〜のせいで」という意味。'echarle la(s) culpa(s) (a＋人)' は「(人に) 罪を着せる」。
  muchedumbre： 人ごみ、雑踏；多数。
  perder de vista： 〜を見失う；(人と) 付き合うのをやめる。

Capítulo 8
Viajes y otras actividades de ocio

(25) El sol está pegando fuerte. Debería haberme traído las gafas de sol.

日差しが強いなあ。サングラスを持ってくればよかった。

(26) Lo que más me gusta de un *camping* es la comida al aire libre.

キャンプでのいちばんの楽しみは、野外での食事だ！

(27) Bañarse en aguas termales elimina el cansancio del viaje.

温泉につかると、旅の疲れがとれる。

---

(25) **pegar**：（太陽が）照りつける。pegar fuerte で「日差しがきつい」。
  deber haber＋過去分詞：（過去未来形で）〜するべきだったのに。実際には行われなかったことを指して使われる。
  gafas de sol：サングラス。

(26) **lo que más ...**：最も〜すること、最も〜なこと。
  camping：キャンプ、キャンプ場。

(27) **aguas termales**：源泉、温泉。
  eliminar：除く、排除する。
  cansancio：疲れ、疲労。形容詞形は cansado（疲れた）、動詞形は cansar(se)（疲れさせる；(再帰形で) 疲れる）。

旅行、外出、娯楽

28
Espero que no me salgan ampollas con estas botas de montaña recién estrenadas.

このおろしたての登山靴で、マメができないといいけど。

29
¡Falta poco para la cima! Me pesan las piernas, pero ahora no voy a rendirme.

もう少しで頂上だ！ 脚が重いけど、ここまで来たら諦めないぞ。

30
¡Qué paisaje! Voy a sacar una foto como recuerdo.

すばらしい眺めだ！ 思い出に写真を撮ろう。

㉘ **esperar＋que＋接続法：** ～であることを期待する、～と願う。
　salirle (a＋人)： (人に) (できものなどが) できる、(毛・歯などが) 生える。
　ampolla： (手足にできる) まめ、たこ；(やけどによる) 水ぶくれ。
　recién＋過去分詞： ～したばかりの。形容詞形は reciente (最近の)。
　estrenar： 初めて使う、(服などを) おろす；初演する。estrenado は過去分詞形。名詞形は estreno。 ▶ ¿Cuándo será el estreno de esta película?(この映画の封切りはいつかな？)

㉙ **faltar＋数量表現＋para ...：** ～まで(時間・距離)が残っている。
　cima： 頂上；頂点。cumbre とも言う。
　pesar： 重さがある；重さが～である；重くのしかかる。'pesarle (a＋人)' で「(人に) 重くのしかかる、重く感じられる」。
　pierna： 脚。膝から下、または下肢全体を指す。足首から下には pie (足) を用いる。
　rendirse： 降伏する、従う；ぐったりする。

㉚ **paisaje：** 風景、景色；風景画。
　recuerdo： 思い出、記憶；思い出の品、土産品。como recuerdo で「思い出に、記念に」。

Capítulo 8
Viajes y otras actividades de ocio

(31) La verdad es que mi sentido de la orientación es pésimo.

実は私、ひどい方向音痴なんだよね。

(32) Además, no se me da bien leer mapas.

地図を読むのも得意じゃないし。

(33) ¿Se puede ir andando hasta allí? ¿Cuánto tardaríamos en llegar?

(通行人に) そこまで、歩いて行けますか？ 着くのに、どれくらいかかるでしょうか？

---

(31) **la verdad es que ... :** 実を言うと～だ。
sentido: 感覚、知覚；意味；意識；方向。 sentido de la orientación で「方向感覚」。
▶ sexto sentido (第六感)　▶ sentido del humor (ユーモアのセンス)
orientación: 方位、方角；傾向；指導。
pésimo: 最低の、最悪の。malo (悪い) の最上級形。反意語は óptimo (最高の、最善の)。

(32) **dársele bien (a+人):** (人に) 適している、(人にとって) 得意である。反対は 'dársele mal (a+人)'。なお、例文では不定詞節 leer mapas が主語。 ▶ Se te da muy bien mentir. (嘘をつくのが本当に得意だね。)

(33) **andando:** 歩いて。andar (歩く) の現在分詞。
tardar＋時間表現＋en＋不定詞: ～するのに (特定の時間) かかる。ここでは tardaríamos と過去未来形を用いることにより、「(もし歩いて行くとしたら) どのくらいかかるのだろう」と暗に条件を含めた表現になっている。

旅行、外出、娯楽

34 **Le pregunté el camino, pero no he podido entender sus indicaciones.**

道を聞いたけど、教えてもらったことが全然聞き取れなかった。

35 **Aquí nadie habla inglés. Creo que ha llegado el momento de probar mi español.**

英語が全然通じない。自分のスペイン語を試すときが来たみたいだな。

36 **¿Cómo? ¿Que tengo buena pronunciación? Seguro que es un cumplido.**

え？ 発音が上手だって？ お世辞に決まってるよね。

---

34 **preguntar**： 尋ねる、質問する。名詞形は pregunta（質問）。
   indicación： 指示、指図；表示。動詞形は indicar（指し示す；指示する）。▶Lo oculté por indicación de mis superiores.（上司の指示でそれを隠しました。）

35 **momento de**＋〈不定詞・que＋接続法〉： ～するとき・時間。llegar el momento de ... で「～するときがやってきた」。
   probar： 試す；試食する。名詞形 prueba は「試験；証拠」。

36 **¿Cómo?**： 何ですって？、えっ？ 特に、相手の発言に対して、聞き返すのに使われる。
   Seguro que＋直説法： きっと～だ。確信を表す。
   cumplido： お世辞、称賛；作法、心遣い。▶¡Basta de cumplidos!（お世辞はもうたくさん！）

Capítulo 8
Viajes y otras actividades de ocio

37 **Me interesan los sitios frecuentados por la gente local, y no los que son para turistas.**

観光客向けじゃなくて、地元の人に人気の場所に興味がある。

38 **No sé qué *souvenir* comprar para mi familia.**

家族へのお土産、何を買ったらいいかわからない。

39 **Además, tengo un presupuesto muy limitado.**

それに、予算もかなり限られてるし。

---

37 **interesarle**（a+人）：（人に）興味・関心を起こさせる。
　frecuentado：（人や動物が）頻繁に訪れる。frecuentar（頻繁に訪れる）の過去分詞形。frecuentado por ... で「～が頻繁に訪れる」。
　local：地方の、その土地の；局地的な。▶costumbres locales（その地域の習慣）　▶anestesia local（局部麻酔）

38 ***souvenir***：土産品、記念品。フランス語の単語をそのままの形で用いているため、斜体で書かれる。

39 **presupuesto**：予算、見積もり。▶hacer un presupuesto（見積もりを出す、予算を立てる）
　limitado：限られた、わずかな。limitar（限定する、区切る）の過去分詞形。

旅行、外出、娯楽

40
Voy a calcular cuánto será en yenes. ¡Ajá!, sin duda es una buena compra.

円だといくらになるか計算しよう。よし！ 疑いなく、いい買い物だ。

41
¿Se podrá usar aquí esta tarjeta de crédito? ¿Cómo no habré cambiado más dinero?

ここで、このクレジットカード使えるかな？ なんでもっと多めに両替しとかなかったんだろう。

42
¿No nos han cobrado demasiado caro? ¿No será que nos han timado?

あの店、なんか高すぎなかった？ もしかして、ぼられた？

---

40 calcular： 計算する；見込む。名詞形は cálculo (計算；見込み)。
　yen： 円、日本円 (yen japonés)。複数形は yenes。
　ajá： いいぞ；なるほど。満足や理解、了解を表す間投詞。
　sin duda： 疑いなく、必ず、まさに。
　buena compra： 上手な買い物。▶hacer una buena compra (いい買い物をする)

41 tarjeta de crédito： クレジットカード。
　cambiar： 変える；取り替える、交換する；両替する。cambiar dinero で「お金を替える」。名詞形は cambio (変化、変更；交換；両替)。

42 cobrar： （代金・給料・費用などを）受け取る、取り立てる；手に入れる、獲得する。cobrar caro [barato] で「(料金が) 高い [安い]」。例文では間接目的語 nos (私たちに) によって、代金を請求される人、つまり支払う人が示されている。
　¿no será que＋直説法？： まさか～なんてことはないよね；実は～だったりして。será は ser 動詞の三人称単数未来形。
　timar： だまし取る、詐取する。「詐欺、かたり」は timo, 「詐欺師、ペテン師」は timador。

Capítulo 8
Viajes y otras actividades de ocio

43 Hoy voy a jugar por primera vez en un campo de golf. ¡Qué ilusión!

今日はゴルフ場デビューだ。わくわくするなあ！

44 ¡Qué vergüenza! He golpeado en falso.

恥ずかしい！ 空振りしちゃった。

45 Me gustaría aprender bien el abecé del *swing*.

スイングの基本をきちんと身につけたいな。

---

43 **campo de golf**：ゴルフ場。
ilusión：喜び、楽しみ；幻想、期待；幻覚、錯覚。'hacerle ilusión (a+人)' で「(人に) 期待させる；喜ばせる」の意。

44 **vergüenza**：恥ずかしさ、はにかみ、気おくれ；恥、不面目。▶Me da vergüenza cantar en público. (人前で歌うのは恥ずかしい。) ▶perder la vergüenza (羞恥心を捨てる；恥知らずな行いをする) 形容詞形は vergonzoso (恥ずかしがりやの；恥ずべき)。
golpear：打つ、叩く；ノックする；殴る。名詞形は golpe (打つこと、打撃)。
en falso：偽って；誤って；しっかりした支えなしに。

45 **abecé de ...**：～の初歩、基礎。
swing：(ゴルフの) スイング。英語の単語そのままの形なので、正式には斜体で記す。スペイン語訳としては péndulo (振り子) がよく用いられている。

旅行、外出、娯楽

46
Esta tarde vamos a jugar al tenis en familia. ¿Desde qué hora tenemos reservada la pista?

午後は家族でテニスだ。コートの予約、何時からだっけ？

47
¿Por qué fallo tanto con el saque cada vez que juego un partido?

試合になると、サーブでこんなにミスをするのはなぜ？

48
Este circuito de *footing* es muy cómodo: no hay muchos desniveles y suele haber poca gente.

このジョギングコース、起伏も少ないし、いつも人が少なくて走りやすい。

---

46) tener＋過去分詞：（～の状態に）している、～してある。
reservado：予約済みの、予約された；取っておいた、予備の。reservar の過去分詞。
pista：（陸上競技の）トラック、競技場；（テニスの）コート；（スキーの）ゲレンデ。

47) fallar：失敗する、駄目になる、期待にそむく。名詞形は fallo（失敗）。同じ fallar の形で「判決を下す；（賞などを）与える」を意味する動詞もある（こちらの名詞形も fallo）。
saque：（テニスなどの）サーブ；（サッカーの）スローイン（saque de banda）、キック。「サーブ」は servicio とも言う。
cada vez que＋〈直説法・接続法〉：～するたびに、～すればいつでも。
partido：試合；政党；結婚相手。jugar un partido で「試合をする」。

48) circuito：周行路、サーキット、コース；周遊、ツアー。
footing：ジョギング。
cómodo：快適な、楽な；便利な；くつろいだ。▶ Ponte cómodo.（楽にしてね。）
desnivel：高低差；でこぼこ、起伏。
soler＋不定詞：～するのを常とする、よく～する。

Capítulo 8
Viajes y otras actividades de ocio

49 La natación ejercita todo el cuerpo, y resulta muy beneficiosa para la salud.

水泳は全身運動だから、健康にいい。

50 He dado un largo paseo en *mountain bike*. Seguro que mañana tendré dolores musculares.

マウンテンバイクで遠出した。明日は確実に筋肉痛だな。

51 ¡Es la mejor nieve polvo de esta temporada! ¡Irresistible para los amantes del esquí como yo!

今シーズン最高のパウダースノーだ！　私みたいなスキー好きにはたまらない。

---

49 **natación**：水泳、泳ぎ。nadar（泳ぐ）の名詞形。
ejercitar：訓練する、鍛える；（権利を）行使する。ejercicio は「運動、練習；行使」。
resultar＋〈名詞・形容詞・副詞〉：～になる；（結果として）～に終わる。▶resultar bien [mal]（いい[悪い]結果になる）▶resultar un fracaso（失敗に終わる）
beneficioso：得になる、有益だ。名詞形は beneficio（恩恵；利益）。

50 **dar un paseo**：散歩する、一回りする。
mountain bike：マウンテンバイク。bicicleta de montaña とも呼ばれる。
dolor：痛み、苦痛；苦悩。dolor muscular は「筋肉痛」。運動後の「こり、筋肉痛」を指す場合は agujetas を用いても OK。

51 **nieve**：雪。nieve polvo で「パウダースノー」。polvo は「粉；ほこり、ちり」を意味する。
temporada：時期、（一定）期間；時季、シーズン、旬。
irresistible：抵抗できない、耐えがたい；たまらなく魅力的な。
amante：愛好家；愛人、情夫、情婦。
esquí：スキー；スキー板。「スキーをする」は esquiar.

旅行、外出、娯楽

52
Una cita romántica contemplando cerezos en plena floración...

満開の桜を見ながら、ロマンチックなデート…。

53
¡Qué ruidoso es el grupo de al lado! Están estropeando nuestra noche especial.

隣の団体さん、うるさいなあ！　僕らの特別な夜が台無しだ。

54
¡Ah!, hoy es la exhibición de fuegos artificiales. Con razón hay mucha gente en *yukata*.

あ、今日は花火大会か。どうりで浴衣姿の人が多いはずだ。

---

52 contemplar： 熟視する、じっと見つめる；考慮に入れる。
　cerezo： 桜の木。「サクランボ」は cereza と言う。
　pleno： 真っ只中の、真ん中の；完全な。▶en pleno invierno（真冬に）▶en plena cara（まともに顔面に）▶plena confianza（100%の信頼）
　floración： 開花、開花期。「開花する」は florecer.

53 ruidoso： 騒がしい、騒々しい；世間を騒がす。名詞形は ruido（騒音；騒ぎ）。
　al lado： 隣に、そばに。de al lado で「隣の」。
　estropear： 壊す、損なう、台無しにする。

54 fuegos artificiales： 花火。fuego は「火」、artificial は「人工の」。「花火大会」の「大会」に対応する表現としては exhibición（展示、ショー）が挙げられる。
　con razón： さすが、どうりで；正当に。
　***yukata*：**「浴衣」のローマ字表記。quimono（着物）と異なり、スペイン語圏では一般的には知られておらず、quimono de algodón para dormir（就寝用の綿の着物）、quimono de verano informal（夏のカジュアルな着物）などと補足しないと通じない可能性が高い。

Diario 15

De compras con una amiga

Fui de rebajas con una amiga. Como era el primer día, el centro comercial estaba abarrotado de clientes y hasta resultaba difícil circular libremente por los pasillos. Teníamos que esperar el turno para entrar en los probadores y también había cola en las cajas. Me costó mucho decidirme, porque había muchas cosas que me gustaban, pero finalmente me compré un vestido, una camiseta y unas sandalias. Creo que ha sido muy buena compra porque solo pagué la mitad del precio original, más o menos, por todas estas cosas. Una vez en casa, le enseñé a mi hermana pequeña mis adquisiciones para darle un poco de envidia. ¡No puedo esperar para estrenar mi ropa nueva!

女友だちとショッピング

友だちとバーゲンセールに出かけた。セール初日だったので、ショッピングモールはお客さんでとても混み合っていて、自由に通路を行き来できないくらいだった。試着するのも順番待ちだし、レジも行列だった。気に入ったものがたくさんあって決めるのが大変だったけど、ワンピースとTシャツとサンダルを買った。どれも、だいたい元の値段の半額くらいだったので、すごくお得だった。家に帰ってから、妹に今日の収穫を見せて、ちょっと自慢しちゃった。新しい服を着るのが楽しみ！

Notas

rebaja：値引き、割引き；（複数形で）バーゲンセール。ir de rebajas で「バーゲンに行く」。
centro comercial：ショッピングセンター、ショッピングモール。
abarrotado：ぎゅうぎゅう詰めの。abarrotar（(人・物が場所を) いっぱいにする）の過去分詞。
hasta：〜さえも。副詞的に用いて、強調を表す。
circular：通行する、行き来する。
libremente：自由に、拘束されずに。形容詞形は libre, 名詞形は libertad.
pasillo：廊下、通路。
turno：順番、シフト。▶¿Cuándo llegará mi turno?（私の番はいつ来るんだろう？）
probador：試着室。「試着する」は probarse.
cola：行列；しっぽ。
caja：レジ。caja registradora（レジスター）の略。
costarle (a+人)+不定詞：（人が）〜するのに苦労する、〜するのが大変だ。
comprarse：自分のために買う。comprar（買う）の再帰用法。
vestido：ワンピース。
camiseta：Tシャツ。
sandalia：サンダル。
mitad：半分、2分の1。
más o menos：だいたい、ほぼ。
una vez+場所表現：いったん〜に着いてから、〜に着いたあとで。
enseñar：見せる、示す；教える。
adquisición：取得、取得物；購入；掘り出し物。動詞形は adquirir（手に入れる、取得する）。
envidia：羨望、ねたみ。'darle envidia (a+人)' で「(人を) 羨ましがらせる」の意。動詞形は envidiar（〜を羨む）。▶¡Cómo te envidio!（君、羨ましいなあ！）
no poder esperar para+不定詞：〜するのが待てない；早く〜したい。

Diario 16

Paseo por Barcelona

Hoy ha sido mi segundo día en Barcelona. Como hacía bueno, me dediqué a pasear por Las Ramblas y sus alrededores. El paseo de Las Ramblas es un bulevar arbolado, que se extiende desde la Plaza de Cataluña hacia el mar. Estaba muy animado con floristerías y puestos de *souvenir*, retratistas y artistas callejeros, etc. Pero, sobre todo, destacaban las "estatuas humanas", es decir, hombres convertidos en estatuas con unos maquillajes y disfraces especiales. Asimismo, no son pocos los puntos turísticos situados a lo largo de este paseo, como la fuente de Canaletas, el mercado de la Boquería o el teatro del Liceo. Por cuestión de tiempo, me centré en la visita al mercado. Digno de su fama, fueron abrumadoras tanto su extensión como la enorme variedad de sus productos. Mañana me dedicaré en cuerpo y alma a Gaudí. ¡Ojalá siga haciendo buen tiempo!

バルセローナ散策

今日はバルセローナ滞在の2日目。天気がよかったので、ランブラス通りやその付近をぶらぶらした。ランブラス通りは並木の散歩道で、カタルーニャ広場から海に向かって延びている。花屋や土産物屋、似顔絵描きや街頭芸人などで活気に溢れていた。中でも目立つのが人間彫刻（スタチュー）、すなわち、特殊メイクや仮装で彫刻に変身した人たちだ。また、この通りには、カナレタスの泉、ボケリア市場、リセウ劇場など観光スポットも少なくない。時間の都合で、市場探検に重点を置いた。さすが有名な市場だけあって、広さと品数に圧倒された。明日はガウディ三昧の予定。お天気が続きますように！

Notas

hacer bueno : 天気がよい。三人称単数、無主語で用いる。
dedicarse a +〈名詞・不定詞〉: 〜に従事する、専念する。
alrededores : 近郊、近隣。副詞の alrededor（周囲に、周りに；ほぼ）に由来。
bulevar : （広い）遊歩道、並木道。
arbolado : 木々の茂った、木が植わった；波立った。
extenderse : 広がる、延びる；普及する。extender（広げる、延ばす）の再帰形。
animado : 生命のある；活気のある。animar（活気を与える、元気づける）の過去分詞。
floristería : 花屋。
puesto : 場所、席；屋台、露店。
retratista : 肖像画家、肖像写真家。retrato は「肖像画、肖像写真；描写」。
callejero : 通りの、街頭の；町をぶらつく。
destacar : 際立たせる；際立つ、目立つ。
estatua : 彫像、立像。
es decir : つまり、すなわち。
convertido en ... : 〜に変化した、〜になった。convertido は convertir(se)（変える；（再帰形で）変わる）の過去分詞。
maquillaje : 化粧、メイキャップ。
disfraz : 変装、仮装；見せかけ。「変装する」は disfrazarse.
asimismo : また、同様に。
situado : 位置する。動詞形は situar(se).
a lo largo de ... : 〜に沿って。
fuente : 泉、噴水；源；（情報の）出どころ；大皿。
teatro : 劇場；演劇、芝居。
cuestión : 問題、事柄。
centrarse en ... : 〜に集中する。
digno de ... : 〜にふさわしい、値する。
abrumador : 圧倒する、圧倒的な。▶ mayoría abrumadora（圧倒的多数）
tanto ... como ... : 〜も〜も。▶ Tanto Francia como España producen excelentes vinos.（フランスもスペインも上質のワインを生産している。）
extensión : 広がり、面積；拡張。
enorme : 非常に大きい、莫大な；並外れた。
variedad : 多様性；品種；バラエティーショー。
en cuerpo y alma : 身も心も、すっかり。

日本語索引

あ
挨拶する	83, 152
アイシャドウ	11
空いた	28, 91
アイロン	12, 109
合う	13, 70
飽きた	50
アクセスする	147
脚	159
味がする	125
遊ぶ	121
暖かい	12
当たる	78
暑い	15, 101
熱い	117
あっという間に	83, 133
圧倒的な	171
アップロードする	141
宛先	46
アパート	59, 119
アプリ	143
アポイント	47
甘やかす	140
雨	7, 41
洗う	8, 108
ありえない	6, 130
歩いて行く	34, 160
アルバイト	55
アレルギー	24

い
胃	14, 49
Eメール	44, 46
言い訳	125
居酒屋	84
医者	126
傷む	93
一気に	132
一石二鳥	81
いっぱいの	37, 68
犬	15, 139, 144
いびき	4
いやな[だ]	11, 25, 116, 133
イヤホン	131
いらいら(する)	19, 71
入れる	16, 116
祝う	142
インターネット	66, 142
インフルエンザ	127

う
ウェイター	84
受かる	57
受け入れる	147
受け取る	45, 136, 163
内気な	39, 139
うっかり忘れる	12, 35, 103
腕立て伏せ	98
うまくいく	41
羨む	169
売り切れた	155
うるさい	4, 167
嬉しい	145
運休している	41
運行する	41
うんざりした	26, 50
運転する	35, 156
運転免許証	130
運動	97

え
絵	152
エアコン	30, 101
映画	83, 131, 151
営業部長	54
ATM	73, 113
エクササイズ	97
餌をあげる	138, 145
SNS	142, 146
エスカレーター	27
選ぶ	29, 155
エレベーター	27
延期する	45
遠距離恋愛	134

お
おいしい	74, 117
お祝い	142
応援する	78, 89
横断歩道	25
往路	33
終える	81, 132
お買い特品	155
おかげで	81, 105
お金を下ろす	113
お気に入りの	16, 132
起きる	2
屋外	153
送る	45, 142
遅れた	5
おごる	66
おしゃべりする	99
おしゃれする	12
押す	35, 122
おすすめ	70
お世辞	21, 161
遅くなる	36
落ち込んでいる	39
落ちる	30, 57
お腹	14, 36, 49
お風呂	93, 104, 120
覚えている	6, 25
重い	112, 159
思い切って〜する	39, 125
思い出す	6, 25
思い出	159
おやつ	121
音楽	92, 131
温泉	158
温度	127

か
カード	130, 134, 163
カーナビ	156
かいがある	55, 68
会議	27, 45, 48
会計	72
外食する	48
改善する	58, 76
快適な	165
回復する	127
買い物	154, 163

172

カウンター	84
返す	78
変える	88, 163
帰る	36, 86
香り	95
顔を洗う	8
鏡	138
鍵	25
確率	15
傘	16, 35
家事	123
貸す	91, 130, 132
風	15, 24
風邪	127
仮装	171
ガソリンスタンド	156
肩こり	98
片付ける	109, 118
価値がある	55, 68
勝つ	89
活気のある	171
活用する	91, 134
必ず	113, 134
カビ	120
花粉症	24
壁	138
我慢する	8, 114, 116
髪	10, 93
科目	56
かゆい	24
空振り	164
借りる	130
過労	54
かわいい	144, 147
かわいそう	127
乾かす	10, 108
代わりに	48
巻	132
関係	134
観光客	157
勘定	72
乾燥	96
簡単な	114
乾杯する	69
頑張る	55
完璧な	21

き

着替える	135
気が進まない	3, 142
期限	57, 115, 130
危険な	142
既婚の	147
基礎	164
規則正しい	103
鍛える	166
きつい	13
気づく	93, 123, 147
キッチン	119
きっと〜だ	26, 161
記念日	66
気分	105
決める	41, 155
気持ちいい	81, 92, 93
客観的な	145
キャベツ	115
キャンセルする	67
キャンプ	158
休暇	60
休憩する	156
牛肉	125
給料	54
興味がある	162
恐竜	152
行列	41, 68, 112
切らす	111
着る	8, 12
気をつける	35, 95, 117, 156
銀行	113
禁止する	48
近所	133
緊張する	49, 71
筋トレ	98
筋肉痛	166

く

空調	30, 101
腐る	115
薬	127
果物	14
口紅	11
くつろぐ	83
首	4
組み立てる	138

クラシック音楽	131
クリーニング	108
苦しむ	125
クレジットカード	163
クローゼット	118

け

計画	130
計算する	73, 163
携帯電話	17, 143, 154
芸人	90
ケーキ	137
ゲーム	143
劇場	171
景色	159
化粧	21, 94, 171
化粧水	96
消す	19
血圧	116
結局	7, 93
結婚している	147
玄関	25, 137
健康的な	115

こ

コインランドリー	108
効果	81
合格する	50, 57
交換する	122
講義	55
高校	147
交渉	47
更新	141
降水確率	15
高速道路	156
公表する	142
公平に	123
コース	165
凍る	30
顧客	47
焦げる	116
午後一	48
心地いい	81, 92
故障した	27
個人的な	39
コピー	44
ゴミ	17

173

米	111	試験	56, 57	承認する	147
ゴルフ	164	思春期	123	賞味期限	115
ごろごろする	92	自信	39, 57, 63	証明書	45, 130
壊す	49, 167	〜したい	2, 33, 70	常連客	84
コンサート	153	試着する	154	ショー	150, 153
コンタクトレンズ	101	シチュー	87, 125	ジョギング	7, 165
コンディショナー	8	実家	91	食欲	41
コンビニ	28	しつこい	120	食器洗い機	118
		失敗	50, 71	ショッピング	154, 169
さ		実を言うと〜だ	81, 160	処分する	119
サークル	59	支店	50	処方する	127
サービスエリア	156	自転車	24	白髪	94
サーブ	165	自分自身で	125	知らない人	139
最悪の[だ]	57, 74, 160	閉まっている	153	知り合い	147
最高の[だ]	21, 87, 166	しみ	108	知る	123, 147
最後の	53, 132	ジム	77, 98	ジレンマ	39
最初は	63, 83	蛇口	148	素人	148
最新の	132	社交的な	139	信号	26
最低の[だ]	25, 57, 74, 160	写真を撮る	157	新婚旅行	100
才能	125	シャツ	108	人事異動	50
財布	125	車両	30	寝室	119
魚	111	シャワー	9, 77	信じられない	33
咲く	135	シャンプー	8	新人	51
作品	132	収穫する	137	申請	51, 147
桜	167	従事する	132, 171	慎重な	100
叫ぶ	79	渋滞	19, 26	深夜	103
刺身	71	集中する	63, 171		
誘う	66	終点	34	**す**	
サッカー	78, 89	終電	74	水泳	166
雑草	136	充電する	17	水族館	150
寒い	15, 30	自由に	169	すいている	28
冷める	9, 117	修理	94, 148	スーツ	13
騒がしい	167	授業	55, 76	スーツケース	100
参加する	27, 77	熟睡する	4	スキー	166
残業	52	宿題	106, 121	好きになる	105
サングラス	158	出席する	27	少なくとも	14, 21, 39
サンダル	30	出張	51, 100	すぐに	83
サンドイッチ	48	趣味	105	すごい	3, 54, 75
残念だ	153	順番	169	過ごす	143
散歩	15, 145, 166	準備する	21	スタジアム	78
		準備のできた	117	ストレス	47, 76, 97, 131
し		上映	151	ストレッチ	97
試合	79, 89	奨学金	58	すばらしい	3, 55, 125
幸せな	145	昇進	50	スピード	156
シーズン	166	小説	31, 132	ずぶ濡れの	41
自家製の	121	招待する	75	スマートフォン	143
刺激的な	153	冗談	90	座る	30, 31

せ

請求書	44
成功	50
精算	51
成績	58
成長する	145
整理する	51, 119
セール	51, 169
咳	127
席	32, 78
石鹸	8
接戦	79
節約	54
世話をする	95, 136
洗濯機	108
洗濯物	109
専念する	132, 171
線路	30

そ

掃除機	120
ソーシャルネットワーク	142, 146
速度	156
卒業する	59
外回り	53

た

体温	127
退屈な	90
大好きである	83, 151
だいたい	169
台無しにする	167
ダイニング	119
代表	89
ダイビングをする	61
大変だ	13, 138
ダウンロードする	141
タオル	9
高い	73, 110, 163
タクシー	37
宅配の	114
宅配便	45
助ける	81
尋ねる	161
棚	118, 138
楽しい	81

楽しむ	41, 69, 78, 131
頼む	48, 71
玉ねぎ	116
試す	70, 161
保つ	147
誕生日	66, 142
たんす	118
ダンス	77, 80
暖房	30

ち

チーム	78
チケット	155
遅刻する	2
チャンネル	88
注意する	35
駐車する	27
昼食	106
注文する	71
頂上	159
朝食	14, 22
貯金	54
賃貸	113

つ

ついてない	18
疲れ	86, 158
疲れ切った	53
付き合う	83
続ける	3
つまらない	90
つまり	27, 171

て

手洗い	108
DIY	148
DVD	91, 130
定期券	28
提出	57
停留所	34
手入れをする	95, 136
デート	66, 83, 167
テーマパーク	151
出かける	15, 29, 48
デザート	72
手帳	16
手作りの	121

手伝う	81
テニス	59, 165
出前	137
天気がよい	15, 171
天気予報	15
展示	152
電池	17, 88
添付する	46
電話	47, 91

と

トイレ	8
同級生	146
当然	12, 39
動物園	150
どうりで	167
トースト	14
得意である	160
読書	31
独身の	147
独特の	153
特売	110
年上［下］の	121
図書館	56
ドタキャン	67
隣の	167
とにかく	61
止まる	156
ドライヤー	10
ドラマ	16, 88
トリートメント	94
努力する	55, 63
トレーニング	59

な

治る	126
長引く	52
眺め	159
泣く	122, 131
懐かしい	146
鳴る	2, 154

に

においがする	117, 125
にきび	11
肉	111, 125
似ている	90

荷物をまとめる	100	葉っぱ	135	腹筋	98
入学する	55	花火	167	太る	13
ニュース	88	はまる	91, 143	増やす	54, 116
入浴する	93	はめを外した	70	ブラウス	108
庭	135	早起きする	100	ぶらぶらする	79
にんじん	110	流行っている	103	プラモデル	155
妊娠している	32, 39	払う	73	振り込み	113
		バル	66, 84	ブレーキ	35
ぬ		バルコニー	136	プレゼンテーション	49, 63
塗る	15, 140	腫れた	11, 125	雰囲気	66, 83, 153
		歯を磨く	8		
ね		番組	88	**へ**	
ネクタイ	13	反抗的な	123	平日	75
猫	140	半分	73, 169	別腹	72
値段	155			部屋	119
熱がある	127	**ひ**		部屋干し	109
寝つく	97	ビール	84, 87	ベルト	13
熱中する	105	冷えた	69, 87	編集する	132
寝不足	102	引き出し	51	返事をする	44, 67
寝坊する	5	引き分ける	89	弁当	48
眠い	3	弾く	133	変な	67
寝る	5, 99	ひげをそる	9		
念のため	16, 19	日差しが強い	158	**ほ**	
		久しぶりだ[に]	3, 87, 146	保育園	27, 127
の		美術館	153	方向音痴	160
ノート	56	人ごみ	157	報告書	44
残り物	114	人前で	133	ほうれん草	110
乗り遅れる	37	一人暮らし	99	ほえる	139
乗り換える	32	暇つぶしをする	67, 143	ホーム	29
乗り過ごす	33	日焼け止め	15	ほこり	120
乗り場	34	病院	126	保湿	96
乗る	138	病気にかかる	54	干す	108, 109
		評判	74	ほっとした	127
は		昼休み	61, 64	ボディソープ	8
バーゲン	51, 169	ひんしゅくだ	120	ほとんど	49, 68
パーセント	15			ほとんど〜ない	143, 147
パーティー	75	**ふ**		ほられる	163
歯医者	16	無愛想な	55	ボランティア	58
はかどる	91	ファンデーション	11	本格的な	153
博物館	153	ブーツ	24	本物の	153, 155
初めて	62, 137	復習する	31, 56	本屋	67
始める	41, 56	袋	16, 112		
パジャマ	17, 135	復路	33	**ま**	
恥ずかしい	164	ふさわしい	74, 171	前髪	10
バス停	34, 37	部長	54	任せる	49, 51
肌	96	普通の	75	負ける	89
バッグ	16	二日酔い	6	ましだ	24, 73

待ち合わせ	16, 21, 67
間違える	32, 46
マッサージ	96
窓口	113
間に合う	2, 52
マンション	59, 119
満席	68
満足した	63

み
見失う	122, 157
身支度する	8, 21
ミスをする	46
見積もり	46
認める	150
見逃す	150
土産品	159, 162

む
迎えに行く	36
夢中で	77

め
メイク	11, 21, 94
名刺	51
迷惑な	133
メール	44, 46, 67
目が覚める	2
目覚まし時計	2, 100
珍しい	46
目立つ	75, 171
メニュー	70, 72
めまいがする	6
面倒だ	98, 109

も
もう一度	2
申し込む	51
もちろん	12, 39
持っていく	91, 110
持ってくる	48, 91
もてる	77
元彼	7

や
野外	153, 158
約束	12, 21, 47
役に立つ	97, 118
やけどする	116
野菜	110
安い	74, 163
休む	156
やせる	13, 80
家賃	113
やっかいだ	138
やっと	27
やめる	99
柔らかい	125

ゆ
遊園地	151
夕食	87, 106
有名な	150
雪	24, 166
夢	3, 7, 105

よ
幼稚園	127
ヨーグルト	14
浴室	120
汚れ	108
予算	46, 162
酔った	70
予定	130
予約	16, 47, 68, 83, 165
寄る	28, 36, 73
喜び	145

ら
来客	119
ラッシュアワー	26

り
理解する	56
理想的な	108, 143
利点	122, 147
リビング	119
リフレッシュした	4, 77
リモコン	88
留学する	58
流暢な	63
寮	59
両替する	163
領収書	45
利用する	91, 134
料理	77, 124
両立	55, 64
旅行	100
リラックス	83, 92, 97

れ
冷蔵庫	114
冷凍食品	115
レジ	112
レシート	45
レシピ	116
列	41, 68, 112
レッスン	76
レポート	44
連休	157
練習する	133
レンタカー	113
レンタル	130
連絡する	134

ろ
廊下	169
労働時間	64, 76
ログインする	146
録画	16, 90

わ
ワイシャツ	108, 109
ワイン	84, 87
わかる	56, 142
わくわくする	164
忘れる	12, 16, 35, 45, 111
割り勘	73
ワンピース	169

《著者紹介》

森本祐子（もりもと・ゆうこ）

上智大学イスパニア語学科卒業、同大学院博士前期課程修了（言語学専攻）の後、マドリッド・コンプルテンセ大学にて博士号取得。現在、マドリッド・カルロスⅢ世大学人文学科スペイン語学教授。
主な著書に『スペイン語文法　まとめと応用』（共著、ARCO／LIBROS）、『会話にスパイス　más más おいしいスペイン語』（NHK出版）、*El articulo en español* (CASTALIA) がある。

いつでもどこでも 私のスペイン語日常表現

2014年3月1日　初版発行

著　者　**森本祐子**

発行者　関戸雅男

発行所　**株式会社 研究社**
　　　　〒102-8152 東京都千代田区富士見2-11-3
　　　　電話　営業 (03) 3288-7777 ㈹　編集 (03) 3288-7711 ㈹
　　　　振替　00150-9-26710
　　　　http://www.kenkyusha.co.jp/

印刷所　**研究社印刷株式会社**

装幀／本文デザイン　渡邉雄哉／佐野佳子（Malpu Design）

KENKYUSHA
〈検印省略〉

© Yuko Morimoto, 2014
ISBN 978-4-327-39429-5　C0087　Printed in Japan